中等职业教育精品系列教材

现 代 礼 仪

主　编　张汉林
副主编　晏　红

立信会计出版社

图书在版编目(CIP)数据

现代礼仪 / 张汉林主编. —上海：立信会计出版社，2008.8

(中等职业教育精品系列教材)
ISBN 978-7-5429-2155-0

Ⅰ.现… Ⅱ.张… Ⅲ.礼仪—专业学校—教材 Ⅳ.K891.26

中国版本图书馆 CIP 数据核字(2008)第 135590 号

策划编辑　　赵新民
责任编辑　　赵新民
封面设计　　周崇文

现代礼仪

出版发行	立信会计出版社
地　　址	上海市中山西路 2230 号　邮政编码　200235
电　　话	(021)64411389　　传　　真　(021)64411325
网　　址	www.lixinaph.com　　电子邮箱　lxaph@sh163.net
网上书店	www.shlx.net　　电　　话　(021)64411071
经　　销	各地新华书店
印　　刷	常熟市梅李印刷有限公司
开　　本	787 毫米×1 092 毫米　1/16
印　　张	9
字　　数	218 千字
版　　次	2008 年 8 月第 1 版
印　　次	2018 年 12 月第 10 次
印　　数	29 701—32 800
书　　号	ISBN 978-7-5429-2155-0/G
定　　价	25.00 元

如有印订差错　请与本社联系调换

前言
FOREWORD

　　我国是一个具有五千多年历史的文明古国，中华民族素以"礼仪之邦"享誉世界。礼仪作为人类文明的载体，反映着一个国家、一个民族的文明程度，在现实生活中起着调节人际关系，促进社会和谐，保障社会稳定，规范个人行为，培养高尚道德情操等多方面的积极作用。自古至今，礼仪也一直被作为衡量一个人为人处世的道德标准之一，也是体现民族素质的一个重要方面。

　　礼仪教育是德育工作的主要内容，也是职业教育的重要组成部分。作为一名职业学校的学生，首先要掌握校园礼仪、家庭礼仪、交往礼仪、公共礼仪和求职礼仪等基本礼仪知识，自觉养成懂礼仪、有礼貌、讲文明的习惯，使自己的仪容仪表、言谈举止、气质风度符合一个时代青年的标准，而这也是成为一名德才兼备的合格毕业生的必备条件。为此，我们组织编写了这本符合职业教育特点和要求的礼仪教材。

　　参加本书编写的有张汉林（绪论）、张少丕（第一章、第二章）、晏红（第三章、第四章）、李成立（第五章），全书由张汉林修改定稿并任主编，晏红任副主编。

　　本书在编写过程中，参阅了礼仪方面的专著、教材和网站上的一些资料。在此向相关作者表示感谢！

编写符合职业教育特点的礼仪教材,是一个创新,也是一个尝试。由于时间仓促,加之礼仪内容宽泛,不同地区、不同民族、不同信仰都有不同的礼仪规范和要求。另外,随着时代的变迁,人们接受教育水平和素质的提高,礼仪规范的标准也在发展变化之中,所以书中疏漏和不妥之处在所难免,还需要不断地完善、改进。恳请各位同行、广大读者提出宝贵意见,以便再版时进行修正、补充。

联系邮箱:gogo2006gogo@126.com。

编 者

目 录
CONTENTS

□ 绪　论 ·· 001
　　思考与练习 ··· 008

□ 第一章　**校园礼仪** ································· 009
　　第一节　个人礼仪 ································· 009
　　第二节　师生礼仪 ································· 028
　　第三节　课堂礼仪 ································· 035
　　第四节　校园公共场所的礼仪 ················· 042
　　思考与练习 ··· 049

□ 第二章　**家庭礼仪** ································· 050
　　第一节　家庭成员间的礼仪 ···················· 050
　　第二节　来客接待与做客的礼仪 ·············· 065
　　第三节　邻里之间的礼仪 ······················· 067
　　思考与练习 ··· 071

□ 第三章　**交往礼仪** ································· 073
　　第一节　见面礼仪 ································· 073
　　第二节　探病和馈赠的礼仪 ···················· 090
　　第三节　宴会礼仪 ································· 093
　　第四节　电话礼仪 ································· 106
　　思考与练习 ··· 111

□ 第四章　**公共礼仪** ……………………………………… 112
　　第一节　行路礼仪 ……………………………………… 112
　　第二节　乘车、乘船、乘飞机的礼仪 ………………… 115
　　第三节　购物、旅游观光、入住宾馆的礼仪 ………… 120
　　思考与练习 ……………………………………………… 123

□ 第五章　**求职礼仪** ……………………………………… 124
　　第一节　写求职信的礼仪 ……………………………… 124
　　第二节　面试礼仪 ……………………………………… 130
　　第三节　试用期的礼仪 ………………………………… 135
　　思考与练习 ……………………………………………… 138

绪 论

我国《公民道德建设实施纲要》中明确指出,要在全社会大力倡导"爱国守法、明礼诚信、团结友善、勤俭自强、敬业奉献"的基本道德规范,开展必要的礼仪、礼节、礼貌活动,规范人们的言行举止,努力提高公民道德素质,促进人的全面发展,培养一代又一代的"四有"公民。胡锦涛总书记在中国共产党"十七大"报告中指出:"大力弘扬爱国主义、集体主义、社会主义思想,以增强诚信意识为重点,加强社会公德、职业道德、家庭美德、个人品德建设,发挥道德模范榜样作用,引导人们自觉履行法定义务、社会责任、家庭责任。加强改进思想政治工作,注重人文关怀和心理疏导,用正确的方式处理人际关系。动员社会各方面共同做好青少年思想道德教育工作,为青少年健康成长创造良好社会环境。"还指出:"教育是民族振兴的基石","要全面贯彻党的教育方针,坚持育人为本、德育为先,实施素质教育,提高教育现代化水平,培养德、智、体、美全面发展的建设者和接班人,办好人民满意的教育"。国家对于教育给予高度的重视,认为是"民族振兴的基石",又进一步强调了"德育为先",树立了培养"爱国守法、明礼诚信"和"德、智、体、美全面发展的建设者和接班人,办好人民满意的教育"等远大目标。这些都要求我们要重视礼仪教育、加强礼仪教学。礼仪教育对培养文明有礼、道德高尚的高素质人才有着十分重要的意义。

一、礼仪的含义

(一) 什么是礼仪

学习礼仪首先要知道什么是礼仪。中国古代的思想家荀子说:"人之所以为人者,礼仪也。"孔子说:"礼者,敬人也。"《礼记》上说:"夫,礼者,自卑而尊人也!"由此可见,礼仪是人类社会文明的象征,是人类社会发展到一定阶段的产物,是人类和动物的根本区别。文明社会的文明礼仪是相对于野蛮社会的愚昧野蛮而言的。人类社会在蒙昧的原始阶段,在茹毛饮血的生活方式中,只有野蛮的动物式的弱肉强食和自相残杀,没有社会制度,没有行为规范。人类社会到了奴隶制时代,奴隶制国家的出现、奴隶制国家制度的产生才使人类真正进入了文明时代。中国西周时期的《周礼》就是中华民族最早的礼学经典,可以说《周礼》是中华民族文明的象征。人类社会有了社会制度,就有了尊卑秩序,就有了和谐谦让,就有了礼仪。

所以,从根本上讲,礼仪是人类的相互交往中所表现出的对他人的某种敬意而自谦的行为规范。礼仪的根本内容是"约束自己,尊重他人";礼仪的目的是为了让人们能轻松愉快地交往;礼仪的基本原则是"为他人着想";"己欲立而立人,己欲达而达人","己所不欲,勿施于人"。

礼仪是在人际交往中,以一定的、约定俗成的程序、方式来表现的律己、敬人的过程,涉及穿着、交往、沟通、情商等内容。从个人修养的角度来看,礼仪可以说是一个人内在修养和素质的外在表现。从交际的角度来看,礼仪可以说是人际交往中适用的一种艺术,一种交际方式或交际方法。从传播的角度来看,礼仪可以说是在人际交往中进行相互沟通的技巧。

礼仪存在于人际交往的一切活动中,是有形的。礼仪基本形态既受社会的基本原则制约,又受社会物质水平的影响。中国古代的大思想家管仲说:"仓廪实而知礼节,衣食足而知荣辱。"礼仪的形成带有民族习俗的深刻烙印。有道是:"礼出于俗,俗化为礼。"礼仪的发展受历史传统、民族文化的影响,不同的民族,同一民族的不同历史时期,有着不同的礼仪规范。

礼仪是人类文明内涵的外在表现。如在人际交往中,为了表示对他人的尊敬、敬重、热情、诚恳而在语言上使用敬语和谦辞:"你好"、"请问"、"贵姓"、"请谅解"、"劳驾您"、"拜托"、"请指教"、"请关照"。在行动上表现出一些举止行为:握手、鞠躬、敬礼、点头、挥手、鼓掌、跪拜等。

(二)礼仪的表现形式

"礼貌"是表示人们交往时相互敬重的行为规范,主要是指个人在与他人的交往中所表现出的行为、语言的谦恭、热情、友善、和蔼,言行举止得体,不违规,不超格,个人风度、气质温文尔雅,在日常生活学习和工作中表现为尊老爱幼、善待同事。对待他人,一个微笑,一个鞠躬,一声"您好",一声"谢谢",一声"再见",一句"祝您一路平安"都是礼貌的表现。问候语"你好",祈使语"请",致歉语"对不起",致谢语"谢谢",告别语"再见",这日常生活中"五句话,十个字"的文明礼貌用语是对礼仪的基本要求。

"礼节"是礼貌的具体表现形式,是礼貌在语言行为仪表等方面的具体规定,是人们在日常生活中特别是交际场合相互表示尊敬、祝福、问候之意的惯用形式。在形式上它有严格的仪式,在内容上它反映着某种道德规则,反映着对人的敬重和友善。如当客人到来时主人迎上前去亲切握手;当观众对你的表演热烈鼓掌时,你要鞠躬致谢;当朋友或同事生病时,要前去慰问;在老人生日时,要前去祝寿;当客人告别时要起身送行等。

"礼仪"则是对礼节、仪式的统称。它是指在人际交往中,自始至终地以一定的约定俗成的程序、方式来表现的律己敬人的完整行为。显而易见,礼貌是礼仪的基础,礼节是礼仪的基本组成部分。礼仪在层次上,高于礼貌和礼节,其内涵更深、更广。在现代社会,礼仪表现为人们社会交往中用来表示尊重友好的一系列行为道德、社会规范的惯用形式。如接待外宾时鸣放礼炮、排列仪仗队、奏两国国歌、儿童敬献鲜花;当我们走进宾馆大门时服务人员站立两旁、点头问好等。

二、学习礼仪的重要意义

礼仪是社会文明的象征,是人际关系的润滑剂,是建立社会主义和谐社会的精神基础。礼仪又是个人乃至一个民族素质的重要组成部分。讲礼仪可以使一个人变得有道德,讲礼仪可以塑造一个理想的个人形象,讲礼仪可以推动你的事业成功,讲礼仪可以使社会更加安定。一个人生活在社会上,要想让别人尊重自己,首先要学会尊重别人。掌握规范的礼仪,能为交往创造出和谐融洽的气氛,建立、保持、改善人际关系。

在现代社会中礼仪无处不在,无处不有,它渗透在人们生活的方方面面。它在处理人际关系中,在人际沟通中,在商务活动中,在国际交往中发挥着越来越大的作用。具体地说,礼仪在现代社会中的作用可以从以下几个方面体现出来。

(一)礼仪可以促使你的事业走向成功

一个人事业的成功,无非靠个人两个方面的因素:一是情商,二是智商。社会学研究认为,在人们的成功之路上,情商的因素占百分之八十,智商的因素只占百分之二十。情商的因素是什么?主要的就是如何处理人的关系,是一个人在自己的生活圈子里,如何去影响他人,感召他人,团结他人,如何去调动周围人们的积极性,让更多的人能够为实现统一的意志而共同奋斗。在今天的社会主义市场经济条件下,举目观察我们身边的成功人士,很多企业家和个体老板,并没有高学历、高职称,他们成功的关键不完全是他们的智商,而是他们的情商,是他们一定的道德观念,一定的礼仪修养才使他们能够团结周围的一群人去为某种目标而不懈地奋斗,才使他们的事业最终走向成功!

(二) 礼仪是联系人际关系的纽带

人是具有社会性的,人的生存离不开人类社会,人类社会的构成包含着各种人际关系,各种人际关系的和谐,就是整个人类社会的和谐。在各种人际关系中有最基础的血缘关系,如父子女、母子女关系;兄弟姊妹关系;祖孙关系;舅甥关系;表姊妹关系等。维系这些关系的基本理念是道德伦理。道德伦理具体的形式化为基本的礼仪规范,即父慈子孝,尊老爱幼,孝悌仁爱。为人子者应该孝顺父母,尊敬长者。为人父母者要关爱、教育子女。兄要爱弟,弟要尊兄。在人们的基本生活圈中有最基本的邻里关系。人们常说:"远亲不如近邻"。邻里关系的基础是互相体谅,互相尊重,互相帮助。平日见面,互道一声问候,有了喜事道一声祝贺,有了困难竭力相助。在人们的社会生活中,有师生关系,有上下级关系,有同事关系,有朋友关系等。在师生关系中,为人师者,要以身教人,要关爱学生;作为学生,要尊敬老师,认真完成学业。在上下级关系中,上级要关怀下级,体谅下级;下级要服从上级,尊重上级。在这方面,孔老夫子所言的"君君,臣臣,父父,子子"就是这方面礼仪规范的高度概括。

(三) 礼仪是塑造高尚人格的途径

礼仪是一个国家、一个民族、一个单位的文明程度、社会风尚和道德水准的重要标志,也是一个人思想觉悟、文化修养、精神风貌的重要标志。我国著名思想家颜元说:"国尚礼则国昌,家尚礼则家大,身尚礼则身修,心尚礼则心泰。"在社会生活中,礼仪对提高道德素质,对塑造高尚人格具有十分重要的教育和导向作用。一个人如果时时处处都能够遵守礼仪规范,识大体,顾大局,严于律己,宽以待人,他就必然具有高尚的人格魅力。一个礼仪修养较高的人,他的行为表现必然是气质高雅、举止得体、文质彬彬。

（四）礼仪是建设社会主义和谐社会的需要

和谐社会包括人类社会与自然的和谐、国家与组织的和谐、组织与组织的和谐、组织与个人的和谐、个人与个人的和谐、个人身心的和谐等方面。构建和谐社会需要有伦理道德理念、制度、规则、传统、风俗的支撑，这其中的"伦理道德理念、制度、规则、传统、风俗"就包括礼仪的范畴。在社会主义和谐社会的建设过程中，如果没有人们的相互尊重、相互理解、相互谅解、相互支持，没有尊老爱幼的伦理观念，没有爱国守法、爱岗敬业、忠于职守、诚实守信的传统美德，建设社会主义和谐社会就是一句空话。

（五）礼仪是当今社会国际交往的需要

随着社会主义市场经济的发展，中国经济已和世界经济融为一体。随着我国改革开放的逐渐深入，我国的国际交往也越来越频繁。在日益频繁的国际交往中，一个企业的工作人员在涉外场合的行为举止，不仅仅是一种私人行为，更会产生一定的对外影响。一个公司、企业、社会团体的代表在对外场合的言谈行为，不仅关系到本公司、本社团的形象，影响到买卖交易的成败，有时甚至影响到国家的荣誉。

在涉外事务中，每个公民应遵循一条基本准则：当你面对国际友人时，你就是"中国人"，是中国人的代表，你的言谈举止，决定国际友人对我们国家的评价。为了维护我们国家的对外形象，我们不仅应当学习民族传统的礼仪知识，还要学习国际上通用的礼节与礼仪规范。

三、学习礼仪的方法

礼仪是专门研究行为规范的，学习礼仪是一个知、情、意、行统一的过程。学习过程既是获取知识，又是开发智力、培养能力的过程。强调学、思、习、行的统一和在"知行统一"的过程中发生作用，要做到博学、慎思、时习、笃行，就要从以下几个方面努力。

（一）通过"多闻"、"多见"增强观察力

我国古代教育家所主张的"博学"，主要是指多问、多闻、多见、多识而言，即通过问、闻、见、识等形式获得丰富的感性知识，以达到"博学"的水平。古代教育家在治学中历来重视多问、多闻、多见、多识在博学过程中的作用,如孔子主张"敏而好学,不耻下问"。学习,不但要从书本中学,还要从日常生活中学,有道是"处处留心皆学问"。有不少人虽然没有读过几本书,但他们的社会阅历却十分丰富,处理人际关系的能力却很强,他们不仅知礼,而且也很会用礼。他们虽然文化程度不高但却不失文雅。归根结底就是他们能够留心日常生活中的学习。在亲身经历的事物中,要用心观察事物、体验事物,这是"博学"中的基本功。

古代教育家强调在"博学"中培养观察力,今天看来是符合科学道理的。因为多问、多闻、多见、多识等多种形式的观察是一种对社会生活现象进行主动地、积极地感知的过程。在学习中有目的地观察事物,可以获得更多的感性认识,在知识的运用过程中可以唤起更多的联想和想像,而且能够从比较中抓住事物的主要特征,使感性认识上升为理性认识。

(二)通过"学思"结合培养思维能力

我国古代教育家主张学习不要停留在感性认识上,要特别重视学习过程的思维活动。如孔子认为,从"闻、见"中所得的知识,必须经过思考加以分析、整理、引申、归纳,提高到理论的高度,如果仅仅有了思考而不以所学为依据,那也是属于空想而且是很危险的。所以他说:"学而不思则罔,思而不学则殆"(《论语·为政》)。他的学生子夏也曾提出"博学而笃志,切问而近思"的命题,这个命题进一步体现了孔子的"学"、"思"结合的思想。如何培养、训练思维能力,我国古代教育家积累了许多朴素的教学经验。其中最主要的训练方法是重视教学过程中设疑和问难。问和疑是一对嫡亲姐妹,要多问,就要多疑;要好问,就要好疑。孔子就是这么做的。他在"君子九思"(《论语·季氏》)中提出"疑思问"的主张,所谓"有疑"就要多"思问"。他提倡遇事多问几个"如之何",以便开动脑筋,展开思维。在学习的全过程中要贯穿积极的思维活动,以便养成思考的习惯,学会思考的方法,形成思维能力。人们在学习思考的过程中,达到了对事物的理解,只有理解了才可能变成自觉的行动。学习礼仪的过程,就是一个思想道德的思考认知过程。

(三)通过"学"与"习"结合逐渐丰富自己

何谓"习",《论语》一书中"习"字出现过多次,即"学而时习之"、"传不习乎"、"习相远也"。这里的"习"字,都与掌握知识有关,即对已学的知识、技能进行复习和巩固,含有温习、练习、实习的意思。"时习"阶段的要求,是对所获得的知识及时地、经常不断地进行复习,以便把它们巩固、保持下去,以免遗忘。"学"是一个对知识的接纳、吸收、认知的过程,"习"是一个对知识的熟记、掌握、练习的过程。对礼仪的学习,既要学习吸收民族传统文化的营养,留心观察社会时代的发展,从自己生存的环境中学习总结,还要放眼观察国际社会。不仅要学习中国礼仪,还要学习国际礼仪,要在学习中积累知识,丰富自己。

(四)通过"学"与"行"相结合,培养实际操作能力和综合能力

我国古代教育家在"时习"阶段肯定了练习在认识过程中的重要作用,以之为实行前的准备;另一方面,又主张在"笃行"阶段"学"必须和实践、行为相结合,作为认识的最终考验。孔子说:"君子耻其言,而过其行","君子讷于言,而敏于行"。他认为言行必须一致。学习的过程是一个理论联系实际的过程,无论什么理论,如果只是停留在理论阶段并不准备付诸实践,这种理论就是毫无意义的理论。礼仪的学习更是这样,学了就要付诸实践,要把礼仪规范、礼仪知识具体地、灵活地应用于社会实践中去,既不能学而不用,又不能机械地死用。在实际生活中,不知礼会显得缺乏教养,机械地、死板地套用礼仪也会给人留下笑柄。

我国古代教育家总结的学、思、习、行的学习过程结构模式是科学性很强的有机统一体。在学习礼仪过程中,根据"知"中有学、思、习,"习"中也有学与行的道理,通过"自我评价",又把"行"反馈到"知",使"行"与"知"贯通起来,构成一个"认识——实践——再认识——再实践"的循环往复活动过程。通过这种反馈活动既对学习开始时制定的预期目标进行验证,同时也起到了对学习行为的强化作用,使学习者在"再认识"和"再实践"的过程中,强化了对各种能力的综合培养。

国际礼仪培训师万里红说:无论时代怎么变化,礼仪的必要性是不会改变的。一个人无论他接受教育的程度有多高,如果不懂礼仪,就不会被别人接受。作为一名青年人,还有一段很长的人生道路要走,走什么路,做什么人完全取决于自己。学礼仪提高你的品格,净化你的灵魂,对人以礼相待,对自然心存感激,那么,美丽丰富的人生就属于你!从现在起我们一起来学礼、知礼、守礼!让我们从自己做起,共同为提高国民素质尽一点力,让我们做一个在世界上受人尊重的中国人!

思考与练习

1. 我国《公民道德实施纲要》的基本内容是什么？
2. 我国古代文化经典中关于礼仪的论述有哪些？
3. 中国古典文化经典中的"三礼"是什么？
4. 通过本章的学习你对礼仪有哪些认识？
5. 最简单的五句文明礼貌用语是什么？

第一章　校园礼仪

 学习目的

使学生理解职业学校学生鲜明的职业特点,懂得每一个人的仪容仪表、仪态举止、着装发型、文明语言既是自身个性的体现,又是校风校貌的重要组成部分,能够自觉讲究礼貌、礼节,注重仪态、举止、服饰、语言的规范,展示出职业学校学生的完美形象。

第一节　个人礼仪

一、仪态举止

仪态是指人在行为中表现出来的姿势,主要包括站姿、坐姿、步态、蹲姿等。"站如松,坐如钟,行如风,卧如弓",是中国传统礼仪的要求,在当今社会中已被赋予了更丰富的含义。随着对外交往的深入,我们要学会用兼收并蓄的宽容之心去读懂对方的姿态,更要学

会通过完善自我的姿态去表达自己想要表达的内容。

举止是一种不说话的"语言",它真实地反映了一个人的素质、受教育的程度及能够被人信任的程度。培根有句名言:"相貌的美高于色泽的美,而优雅合适的动作美又高于相貌的美,这是美的精华。"大方、得体、优雅的举止,不仅可以塑造自身美好的形象,而且还可以使各种礼仪表现得更充分、更完美。

(一)正确的站立姿势

站姿是指人的双腿在直立静止状态下所呈现出的姿势。站姿是步态和坐姿的基础,一个人想要表现出得体雅致的姿态,首先要从规范站姿开始。

人的正常站姿,也就是人在自然直立时的姿势,即所谓的"站有站相"。其标准的站立是"立正姿势",要求是上半身挺胸收腹、腰直、双肩平齐舒展,精神饱满,双臂自然下垂,两眼平视,嘴微闭,面带笑容;下半身双腿直立,身体重心在两脚之间。女士的双膝和双脚要靠紧,双脚也可调整成"V"字形;男士的双脚间可稍分开点儿距离,但不宜超过肩宽,双脚也可调整成"V"字形。所谓"站如松",是指人的站立姿势要像松树一样直立挺拔,双腿均匀用力。

工作场合可以根据自身条件选择以下站姿:

(1)外交官式站姿:双腿微微分开,挺胸抬头,收腹立腰,双臂自然下垂,下颌微收,双目平视。

(2)服务员式站姿:挺胸直立,平视前方,双腿适度并拢,双手在腹前交叉,男性右手握住左手腕部,女性右手握住左手的手指部分。双腿均匀用力。

(3)双手背后式:挺胸收腹,两手在身后交叉,右手搭在左手腕部,两手心向上收。

(4)体前单屈臂式:挺胸收腹,左手臂自然下垂,右臂肘关节屈,右前臂至中腹部,右手心向里,手指自然弯曲。

无论何种站立姿势,都不宜将手插在裤袋里或交叉在胸前,更不要下意识地做小动作,切忌东倒西歪,耸肩勾背,或倚墙靠桌,双腿交叉等。

(二)正确的坐姿

坐姿同样有美与丑、优雅与粗俗之分。正确的坐姿能给人一种安详庄重的感觉,因此,要"坐有坐相",做到端正、舒展、大方。

中国古代人的坐姿是双膝着地,臀部压在脚跟上。现在有些少数民族仍采用这种坐姿,还有一些地方的人采用盘腿而坐的姿势。由于凳、椅、沙发等的广泛使用,这些坐姿已不多见。

正确的坐姿有如下要求:入座时,要轻要稳,从座位的左边入(左边出),只坐椅子的三分之二,不要坐满或只坐一点边儿。女子入座时,若是裙装,应用手将裙子稍微拢一下。坐定后,身体重心垂直向下,上身保持正直,两眼平视,目光柔和,可将右手搭在左手上,轻放于腿面,双膝自然并拢,双腿正放或侧放,双脚并拢或交叠。男士可双手掌心向下,自然地放在膝上,亦可放在椅子或沙发扶手上,双脚可略微分开。在同左右客人谈话时,应有所侧重,即上体与腿同时转向一侧。

工作场合可以根据自身条件选择以下坐姿:

(1)正襟危坐式:上身与大腿,大腿与小腿,小腿与地面,都应当成直角。双膝双脚适度并拢。这是传统意义上的标准坐姿,适用于正规场合。

(2)大腿叠放式:两条腿在大腿部分叠放在一起,位于下方的一条腿垂直于地面,脚掌着地,位于上方的另一条腿的小腿适当向内收,同时脚尖向下。女性着短裙不宜采用这种姿势。

(3)双脚交叉式:双脚在踝部交叉,交叉后的双脚可以内收,也可以斜放,但不宜向前方远远直伸出去。

(4)前伸后屈式:双腿适度并拢,左腿向前伸出,右腿向后收,两脚脚掌着地。

以上坐姿男女均可采用,以下为女士坐姿。

(5)双腿斜放式:双腿完全并拢,然后双脚或向左或向右斜放,斜放后的腿部与地面约呈45度夹角。

(6)双腿叠放式:双腿一上一下交叠在一起,两腿之间没有间隙,双腿或斜放于左侧或斜放于右侧,腿部与地面约呈45度夹角,叠放在上的脚尖垂向地面。女士着裙装可采用这种方式。

坐时不要将双手夹在腿之间或放在臀下,不要将双臂端在胸前或抱在脑后,也不要将双腿分开过宽或将脚伸得过远,腿脚不要不停地抖动,也不可高跷二郎腿。

(三)正确的走路姿势

步态是指一个人在行走过程中的姿势,也可叫做走姿。它以人的站姿为基础,始终处于运动中。走姿体现的是一种动态的美。

所谓的"行如风",是指行走动作连贯,从容稳健。步幅、步速要以出行的目的、环境和身份等因素而定。协调和韵律感是步态的最基本要求。

这里讲的是一般生活中的走路姿势。由于性别、性格的原因以及美学的要求,男女的步态应该是有区别的。男性走路以大步为佳,女性走路以碎步为美。

男性走路的姿态应当是:昂首、闭口,两眼平视前方,挺胸,收腹,直腰,上身不动,两肩不摇,两臂在身体两侧自然摆动,两腿有节奏地交替向前迈进,步态稳健有力,显示出男性刚强、雄健、英武、豪迈的阳刚之美。

女性走路的姿势应当是:头部端正,不宜抬得过高,两眼直视前方,上身自然挺直,收腹,两手前后摆动幅度要小,以含蓄为美,两腿并拢,碎步前行,两脚内侧在一条直线上,步态要自如、匀称、轻盈,显示女性庄重、文雅之美。

无论男女,走路都应注视前方,不要左顾右盼,不要回头张望,不要弯腰驼背、鞋底蹭地、八字脚。不要老是盯住行人乱打量,更不要一边走路一边指指点点地对别人评头论足,这不仅有伤大雅,而且也不礼貌。走路时脚步要干净利索,有鲜明的节奏感。不可把手插在衣服口袋里,尤其不要插在裤袋里,也不要叉腰或倒背着手(休闲时间除外)。

几个人一起走路,应该使自己的步伐与他人的步伐协调一致。既不要走得过快,一个人遥遥领先;也不要走得过慢,孤单单地落在后面,显得与众人格格不入。明显地超前或落后,无非是为了表现自己的不满情绪,是一种无声的抗议,这在社交场合是应当避免的。与上司同行,原则上应该在上司的左边或后面走;男女同行,没有上下级关系,男走左侧;上下楼梯、开门或在黑暗处均应走在女士前面,以便给予照顾。一般情况下行走,礼应谦让。如在狭窄过道上需超越前面的人或必须从正在站立谈话的人中间穿过时,要先说声"对不起,请让我过一下"。如与上司、女士相遇,则应站住让路,这是礼貌。

脚步的强弱、轻重、快慢、幅度及姿势,必须同出入场合相适应。在室内走路要轻而稳;在花园里散步要轻而缓;在病房里或阅览室里走路要轻而柔;在婚礼上的步子要迈得欢快、轻松;在接受检阅时,步子则要雄壮有力、整齐划一,显得精神饱满……总而言之,步态要因地、因人、因事而宜。

(四)正确的蹲姿

蹲是由站立的姿势转变为两腿弯曲和身体高度下降的姿势。蹲姿适用于拾取掉落地面物品,拿取放在低处物品,打扫低处卫生等,也是一种暂时性的休息。标准蹲姿有以下几种。

1. 高低式蹲姿

男性在选用这一方式时往往更为方便。其要求是:下蹲时,双腿不并排在一起,而是左脚在前,右脚稍后。左脚应完全着地,小腿基本上垂直于地面;右脚则应脚掌着地,脚跟提起。此刻右膝低于左膝,右膝内侧可靠于左小腿的内侧,形成左膝高右膝低的姿态。臀部向下,基本上用右腿支撑身体。

2. 交叉式蹲姿

交叉式蹲姿通常适用于女性,尤其是穿短裙的人员,它的特点是造型优美典雅。其特征是蹲下以后腿交叉在一起。其要求是:下蹲时,右脚在前,左脚在后,右小腿垂直于地面,全脚着地右腿在上,左腿在下,两者交叉重叠;左膝由后下方伸向右侧,左脚跟抬起,并且脚掌着地;两脚前后靠近,合力支撑身体;上身略向前倾,臀部朝下。

3. 半蹲式蹲姿

半蹲式蹲姿多于行进之中临时采用。基本特征是身体半立半蹲,其要求是:在下蹲时,上身稍许弯下,但不宜与下肢构成直角或锐角;臀部向下而不是撅起;双膝略微弯曲,其角度根据需要可大可小,但一般均应为钝角;身体的重心应放在一条腿上。

4. 半跪式蹲姿

半跪式蹲姿又叫单跪式蹲姿。它是一种非正式蹲姿,多用于下蹲时间较长,或为了用力方便之时。它的特征是双腿一蹲一跪。其要求是:下蹲之后,改为一腿单膝着地,臀部坐在脚跟之上,而以其脚尖着地;另外一条腿则应当全脚着地,小腿垂直于地面;双膝应同时向外,双腿应尽力靠拢。

(五)个人举止行为的禁忌

(1)在众人之中,应力求避免从身体内发出各种异常的声音。咳嗽、打喷嚏、打哈欠应侧身掩面后再为之。

(2)公共场合不可用手抓挠身体任何部位,如:抓耳挠腮,随意剔牙,修剪指甲,梳理头发等。需要时可上洗手间。

(3)不耸肩抖腿,不倚墙靠墙而立。

(4)公开露面前,须把衣裤整理好,尤其是出洗手间时应和进去时保持一致。

（5）参加正式活动前，不宜吃有刺激性气味的食物，如葱、蒜、韭菜、洋葱等。

（6）公共场合，高声谈笑，大呼小叫不文明。人多时应加倍低声细语，不引起他人注意。

二、服饰礼仪

服饰礼仪是指一个人穿着的服装和佩戴的饰物。在现代社会交往中，一个人的服饰仪表是文明礼节的重要表现形式，它反映一个人的个性、习惯、爱好、审美情趣、文化修养水平和内在的情感世界，也反映出社会的风尚，民族的传统习俗，甚至表现出社会的经济生活水平和科学技术发展水平。这些，都在向人们传递着一种"非语言信息"。因此，服饰作为一种非语言符号的演示功能是异常显著的。具体说，服饰礼仪要求人们既要自然得体，协调大方，又要遵守某种约定俗成的规范和原则。服装不但要与自己的具体条件相适应，还必须时刻注意客观环境、场合对人的着装要求。

（一）西装、领带、饰物

1. 西服

西服原本是欧美国家的一种传统服装，随着国际交往的日益频繁，西服逐步发展成为一种国际性的服装款式。它典雅大方，富有魅力，深受各国各界人士喜爱。目前，在我国也大有以西服作为标准礼仪服装的趋势。因此，应懂得西服的着装要求。

（1）西服着装的一般要求。西服必须合体，领子应紧贴衬衫领口，并且应低于衬衫领口1～2厘米，上衣的长度与垂下手臂的虎口处相平，袖口与手腕相平，衬衫袖口应露出西服袖口1～2厘米，肥瘦以可以穿一件羊毛衫为宜，上衣的下摆应与地面平行。

长脸形的人宜选用短驳头的西服，圆脸形、方脸形宜选用长驳头的西服。

双排扣的西服上装不管在什么场合都应把纽扣全部扣上，单排扣西服上装，两粒扣子的只系上面一粒，三粒扣子的可系中间一粒或上面两粒，全部扣上显得拘谨；在非正式场合，单排扣西服甚至可以不系扣，敞开衣襟，既潇洒自由，又不失礼。

（2）男士西服。男士西服有两件套、三件套之分，正式的场合应该穿西服套装，颜色以深色为好。穿西装时应穿单色衬衫，以白色为最佳。领子要挺括，不能有污垢、油渍。衬衫下摆必须塞在裤子里面，袖口、领口要系好，不得将西服及衬衫的袖子卷起来。

三件套西服在正式场合不能脱下外衣。西服背心如果是6粒纽扣,一般不系最下面的一颗纽扣,如果是5粒纽扣则应全部系上。西服背心应贴身合体。按习俗,西服里面不能加毛背心或毛衣。在我国,至多也只能加一件羊毛衣,否则十分臃肿,以致破坏西服的线条美。与西服配套穿的羊毛衫应是"V"形领,领带应放在V领毛衣里面。前开身毛衣、套头高领毛衣均不宜与西服套装同穿。毛衣、毛背心都不能代替西服背心。

西服左上侧衣袋不应存放物品,上衣内袋用于放证件等物,西裤裤兜只能放些轻薄之物,西服上衣下边两个口袋不能装任何东西,以免影响西服下摆的挺括。

裤腿管应盖在鞋面上,并使其后略长一些,裤线应熨烫挺直。

西服套装要配穿皮鞋,不能穿旅游鞋、布鞋之类的鞋。

穿深色西服时袜子应是深色,最好是西服到皮鞋的过渡色。穿西服不要穿白色袜子,这样会破坏整体的稳重感,把人们的视线吸引到了脚上。

(3) 女士西服。女士西服有西服套装和西服套裙,均可作为正规礼服,其色彩款式要稳重大方,以素雅单色和简单的条格面料为主。西服套裙的面料应为高档面料,高贵挺括,色彩应是中性,也可偏暗。单色的面料最适宜,西服套裙上下一色显得庄重,有成熟感。

女士着西服不必像男士那样必须要衬衫、领带的配套,可以配各样的衬衫或内衣,以合体为宜。女士西装颜色要与衬衫色彩协调。

2. 领带

领带被称为西服的灵魂。通常所说的领带是指直式领带,还有一种横式领带,即领结。

(1) 直式领带。直式领带简称"领带"。领带最好选用丝制的。系领带不宜过长或过短。站立时其下端触及腰带为好。穿西服背心或毛衣时,领带要塞在背心或毛衣里面。西服与领带的颜色深浅搭配具有层次,如浅色西服配深色领带或深色西服配浅色领带。

领带与衬衫领宽和西装的领宽也要协调,大尖领衬衫配细领带或小领西服配宽领带都是不相宜的。

在正式、庄严隆重的场合以深色领带为宜;在非正式场合以浅色、艳丽领带为好。黑色领带几乎可与任何颜色的西服进行搭配。

领带配色的方法有三种:① 与西服是同色领带。② 与西服同是暗色,但色彩形成对比,如黑西服配暗红色领带。③ 单色的西服配花色领带,花色领带上的主色尽可能与西服的颜色相同或接近。

领带打结有两种方法：① 标准型。在正式社交场所使用。② 普通型。在工作时使用。

打领带结需靠在衣领上，应先系好衬衫领扣，不能勒住脖子，领带结不能太往下，显得松松垮垮。在非正式场合穿西服可以不配领带，此时衬衫领扣必须解开。平日若不穿西服只穿衬衫也可以打领带，穿制式短袖衬衫也可以打领带，衬衫下摆应放在裤子里面。

（2）领结。领结可分为小领花和蝴蝶结。

小领花的颜色有黑色、白色。一般白领花只适用于燕尾服的配套，黑领花适用于配穿小礼服。

蝴蝶结一般配用于大礼服、小礼服上，也适用于饭店的男女服务员的工作服上。

（3）领带夹。现在有许多人选择戴领带夹、领带棒、领带针和领带别针，起固定领带的作用。

领带夹的位置应在从上往下数以衬衫的第四粒到第五粒纽扣之间处为好，西服上衣系上扣子后，领带夹不能外露。

3. 饰物

在服饰构成中，装饰用品既可作辅助用品，又可区别于衣服而相对独立存在。装饰用品和衣服一同构成了服饰的内容。

装饰用品按其所在身体部位可分为：头饰、领饰、胸饰、腕饰、指饰、脚饰等。服装与饰品之间完美搭配，将有效地展示人的气质、修养、个性等特征。装饰品可在服饰中起到烘托主题和画龙点睛的作用。服装的饰物若按类别又可分为两大类：第一类是以实用性为主的饰物，比如鞋、帽子、眼镜、包、腰带等；第二类是属于以装饰性为主的饰物，比如领带、项链、手镯、耳环等。无论实用性饰物，还是装饰性饰物，其配套均应与服装相协调而取得整体效果为原则，起点缀、调节、呼应、平衡、矫正的作用。

（1）帽子。帽子的花色品种很多，它不仅防寒抗晒，也是服饰搭配的一个组成部分。对于服饰来说帽子样式、颜色的选用是十分讲究的，它直接关系到服饰整体效果的好坏。

帽子的选用，应考虑到人的脸型、年龄、身份以及服饰之间的配套关系。

尖脸型的人选用圆顶帽比较适宜；圆脸型的人选用棒球帽；身材高大的人选用的帽子宜大不宜小，身材瘦小的人选用的帽子宜小不宜大；矮个子可戴高筒帽，高个子可戴宽檐帽。着西服宜戴礼帽，穿中山装宜戴圆顶帽，两者还都可以戴前进帽。女士的时装帽会使女士显得潇洒大方，富有青春气息；翻边仿礼帽会使女性刚柔相济，富有男性气派。各种草帽、金丝帽配上夏令时装,顿觉清凉明快,显示女性魅力。

(2) 腰带。腰带具有装饰美化人体的作用,是矫正体型、制造错觉的重要手段之一。通过系腰带部位的上下移动可以调节人们对人体上下身的视觉;通过腰带的色泽深浅、宽度的选择可以调节人们对腰身的粗细视觉。

男士在工作中使用的腰带以黑色或棕色皮革制品为佳,宽度一般不超过3厘米。中年人可以系稍宽一些的腰带,系腰带不宜过长,通常以不超过腰带扣10厘米为标准。

女士系腰带既要考虑同服装配套,又要考虑体型。柳腰纤细的女士选一条宽腰带,会更加显得楚楚动人。

(3) 手帕。手帕可分为两种:一种是装饰用手帕,另一种是普通手帕。

装饰手帕是以各种单色手帕折叠而成,可放在礼服或西服上衣左胸口袋。手帕折叠的形式有多种多样,常见的有一山型、二山型、三山型(见图1-1)。

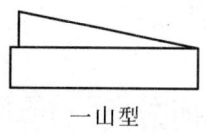 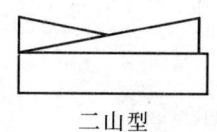 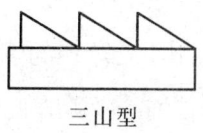

一山型　　　　　　　二山型　　　　　　　三山型

图1-1　手帕折叠的形式

深色西服配浅色手帕,装饰手帕不能当做普通手帕来使用。

普通手帕可用来擦汗、擦手、擦嘴,切不可在人面前使用不洁净或皱皱巴巴的手帕。目前,普通手帕已被纸巾逐渐替代。

(4) 鞋袜。适合男士穿着的皮鞋的颜色应为黑色、棕黑色、深咖啡色。黑色的皮鞋可与各色服装搭配,而且适用于各种场合。最为正规的男士皮鞋应是系带子的款式。穿旅游鞋时不要穿西服。女士皮鞋应与服装相匹配,如齐膝马靴与呢绒长裙相配可显示青年女性挺拔俏丽、英姿飒爽的风采,再如牛仔衣裤与高筒皮靴相配极富有魅力。在正规场合着西服时,应与黑色敞口皮鞋相匹配。皮鞋要上油擦亮。

袜子不仅仅是为了防寒保暖,也是为了装饰美化。

男士穿西服可配穿深色的袜子,高及脚胫。女士应掌握鞋跟越高袜子越薄的对应关系。着袜时不应露出袜口。腿较粗的人最适合穿着深色的袜子,如透明的灰褐色、黑色;腿过细、皮肤较白的人最适合穿着浅色或肉色的袜子;穿裙装配高筒袜时,袜子最好选用肉色的。夏天,女士可以赤脚穿凉鞋,切不可穿着半长的袜子,袜子与裙间露出腿是很不雅观的。

（5）围巾。围巾不仅具有保暖功能，更具有装饰美化的效果，应注意围巾要与其他服饰相协调。

男士在较为正式的场合或在上班时应选用深色的围巾，如灰色、黑色、深蓝色、酱紫色等。进入室内后应将围巾连同外衣、帽子一齐脱下。

女士围巾的颜色要与服装协调。单色、暗色的服装配花色的围巾，艳丽花哨的服装可配素色围巾，并且应与脸部肤色相近。

（6）包。男士的公文包可选用深褐色、棕色、黑色等，发光、发亮、印满图案或广告的公文包不宜在涉外场合使用。包的颜色以深褐色、棕色为最佳，也应考虑和自己穿着的衣服的颜色相一致。

女士可用坤包放置一些化妆品、钱、钥匙、手绢、笔等常用品；坤包的色彩同其他服饰的色彩相近或选用对比色；手包应套在手上，不要拎在手里晃来晃去。体型矮胖的女性可选择体积小、造型不过于纤巧的手包；体型高胖的女性则应携用体积稍大的手包；苗条的女性应选用小巧玲珑的手包。

（7）首饰。随着人们生活水平的提高，高档的金银、珠宝首饰和价格不高的艺术性首饰越来越受到人们的喜爱。

首饰的佩戴有一套规矩。它是一种沉默的语言，既可向他人暗示某种含义，又能显示佩戴者的气质与修养。首饰佩戴的一般原则是：以少为佳，同质同色。

1）戒指。戒指是爱情的信物，富贵的象征，吉祥的标志。戒指应注意其造型：女士的戒指要纤细，男士的戒指要宽厚。戒指通常应戴在左手上。把戒指戴在食指上，表示无偶而求爱；戒指戴在中指上，表示正处在恋爱之中；把戒指戴在无名指上表示已订婚或结婚；把戒指戴在小手指上则表示自己是一位独身者。

也有不少西方国家的未婚女子将戒指戴在右手上。

另外，一般修女的戒指则是戴在右手无名指上，这意味着她已经把爱献给了上帝。

一般情况下，一只手上只戴一枚戒指；戴两枚戒指或两枚以上戒指是不适宜的，大拇指不能戴戒指。

2）项链。项链可分为金银项链、珠宝项链等。佩戴项链应因人而异。脖子短粗的人可选择细长的项链，脖子细长的人可选用粗且短的项链。穿着三翻领或高领羊毛衫者，项链应佩戴在衣服之外；穿着较厚的羊毛衫适宜佩戴珠宝项链或挂件，也可选择玛瑙、紫晶、象牙的项链；衣着较薄时，则以佩戴金银项链为最佳。

一般青年女性可选择细型、花色丰富的项链；而中老年人则适宜选用粗型、传统设计的项链。各种珠宝象征着不同的意义和情感，如钻石象征着勇敢和永恒，珍珠象征着美丽和高贵，红宝石象征着爱情和热情，蓝宝石象征着安详和宁静。

3）耳环。佩戴耳环应首先考虑佩戴者的脸型。圆脸适宜戴各种款式的长耳环或垂坠耳环，不宜选戴有横向扩张感的耳环；瓜子脸型的人适于各种造型的耳环，配以扇型耳坠、奶滴型耳坠则更显秀丽妩媚；方脸形的人可选戴小耳环或耳坠，选用曲线流畅的圆型、纽型、鸡心型、螺旋型耳环，可使脸型具曲线之美；长脸形的人可选用宽宽大大的耳环，不宜选用长且垂的耳环。

肤色白皙的女性适宜戴红色、绛红、翡翠绿等色彩较鲜艳的耳环；皮肤偏黑的女性宜选用色调柔和的白色、浅蓝、天蓝、粉红色耳环；金色耳环适合于各种肤色的人佩戴。

在各种比较正规的社交场合，如参加宴会、婚礼或庆典仪式应选用高档的耳环。在一切场合都应避免佩戴发光、发亮、发声的耳环。

4）手镯和手链。一般情况下，如果在左手腕佩戴或左右两手腕同时佩戴手镯或手链，表明佩戴者已经结婚；如果仅在右手腕佩戴，则表明佩戴者自由，不受约束。一只手腕上不能同时戴两只或两只以上的手镯和手链。

（8）金笔、手表、打火机一度被西方人看作男士三大配件，并认为是身份的象征。职业男性应携带至少一枝名牌钢笔放在公文包里，也可以放在西服上衣内侧口袋里。有身份的男士在交际中最好带一枝名牌钢笔。

手表的佩戴因人而异，但不论男士还是女士，在涉外交往中最好要戴机械表，不要戴潜水表或卡通表。

打火机可以当做装饰品，也可以作为礼品。

在正式场合中，人们携带钥匙应使用钥匙包，并把它放在西服上衣内侧口袋或公文包里，不要使用钥匙链、钥匙坠或把钥匙挂在腰带上。

总之，服饰是一个整体。服装与服装、服装与饰物、饰物与饰物三者之间在款式、材料和色泽上的成功配套是服饰美化成功的基础。各种装饰品与发型、脸色、年龄、环境的协调将会取得更加良好的效果。

（二）不同场合的着装

服装可分为正统服装和便装。对不同身份的人在不同的场合的着装有不同的要求。

1. 正统服装

正统服装可分为礼服和事业服。

(1) 礼服。西方人将礼服分为大礼服、晨礼服和小礼服三种。

大礼服又叫燕尾服,被誉为"正式礼服之王",它造型别致,为黑色或深蓝色的上装。前摆齐腰剪平,后摆长达腿跟上,开衩如燕尾型。燕尾服是晚间最为正式的礼服,用于隆重庄严的场合,如婚礼、晚宴、授勋仪式、授奖仪式等。诺贝尔奖授奖仪式都要求穿着燕尾服,正规的交响乐团指挥也穿着燕尾服参加演出。

白天参加典礼、婚礼,星期日去教堂做礼拜,可穿晨礼服。它可作为男性的日间正式礼服。晨礼服的面料为黑色或灰色,上装的前面置一粒纽扣,从前门襟向后向下呈人字形拖下。后摆呈圆形,腰围下摆开衩,领子是剑领。正规晨礼服的长裤是用吊带,吊带的颜色应选黑色或黑白色条纹的花色。

晨礼服曾经是欧洲上流社会贵族阶层出席在英国爱斯考脱赛马场举行的"金杯赛"时所穿的服装,因此也被称为"赛马礼服"。

晚间参加晚宴、音乐会、酒会可穿小礼服。又称无尾礼服和晚宴服,也称为便礼服。由于小礼服的领带是黑色的领结,因此有"黑领结"之说。

目前,许多国家在着装方面趋于简化,在许多隆重场合,男士身着质量上好的深色西服。在我国的正式社交场合需穿礼服时,男士可身着中山装或西服套装,配好领带(着西服套装时);女士则着旗袍、西服套装、西服套裙或单色连衣裙。不论男士女士,服装的颜色应遵循"三色原则",服装颜色,一般以不超过三种为好。参加葬礼或吊唁活动应身着庄重深色的服装;参加婚礼时服装应整齐、美观、大方,不应过分艳丽。

(2) 事业服(制式服装)。事业服可分为办公服和特殊职业服。

1) 办公服。办公服为上班时所穿的服装,有一定的严肃性和庄重感,色彩不能过分华丽、耀眼,不能过分强调装饰、点缀;裙子不要过短,上衣不能过紧,领口不能过低,开叉不能过高,面料不能太透。一般我们说的职业服装适合于机关、公司、教师、律师、记者等人员工作时穿着,男士普通西服便属于这一类。

2) 特殊职业服。特殊职业服为因某职业的需要而特制的服装。这种服装一般成为某个职业的标志,如警服、解放军军服、运动服、劳动服等。此外,许多酒家、饭店、大企业也有自己规定的职业服,校服也应算是该类服装的特例。特殊职业服起到突出职业特点、体现团体风貌、易于识别等作用。

2. 便装

便装可分为家居装、睡衣和休闲服。

(1) 家居服。家居服特点是舒适、宽松、随意、色彩随和,是做一般性的家务劳动和接待较熟悉朋友时穿着。身着家居服不宜进入办公室。

(2) 睡衣。睡衣只是供睡觉和早上洗漱时穿着。

(3) 休闲服。休闲服与家居服的共同特点是轻松、随便,便于运动。其色彩比较艳丽、明快,常同旅游鞋、运动鞋和轻便鞋相配。穿上这类服装使人心旷神怡,产生与大自然浑然一体的感觉。其主要适用于旅游、参观、度假、游乐和一般性的运动。

3. 职业学校的学生装

职业学校的服装应整齐、统一。款式、面料应适合学生的年龄、身份,以自然、纯朴为原则。服装穿着要得体,线条流畅,可以选用物美价廉的面料,不必过分追求高档,服装色彩以单色、深色为好,可以做成西服样式,以三件套为宜。

具体着装如下:

(1) 职校生以西服样式着装。男生三件套为上衣、裤子、背心;女生三件套为上衣、裤子、裙子。穿着时,男生应将上衣的两粒扣子中的上面一粒系好,女生应将两粒扣子都系上。在任何场所穿学生装都不宜敞胸露怀。

(2) 着西服时应与白色衬衫相配,并系领带。领带以单色为好,一般可选黑色、红色、紫红色。

穿白色衬衫与西服配穿时,其下摆应放置裤内,系好领扣及袖口扣子;衬衫的领子要高出西服领子1~2厘米,衬衫袖口也应长出西服袖口1~2厘米;领带结一定要打到头,领带的底端与皮带的位置相平。单穿衬衫时,不得卷起袖口,不宜将衬衫的下摆放在裤子外面。

(3) 职校生与西服配套的鞋应为黑色的皮鞋,男生穿青年式或三接头,女生穿圆口船鞋。

男生可穿黑、蓝及深灰色袜子,女生穿肉色袜子。

(4) 佩戴校徽、团徽的位置应与着装相配。穿西服时,校徽、团徽应戴在西服左侧领子上,位置与左上兜相平,团徽在上,校徽在下。穿白衬衫时,校徽、团徽可戴在左上兜上方1~2厘米处,团徽在上,校徽在下。

(5) 女生单穿白衬衫时应与裙子相配,系领花或蝴蝶结,扎好腰带,并穿高筒肉色袜子。

（三）着装基本要求

1. 着装要遵循的几个原则

（1）T.P.O.原则。T、P、O.分别是英语中 Time、Place、Object 三个单词的首字母。"T"指时间，泛指早晚、季节、时代等；"P"指地方、场所、位置、职位；"O"指目的、目标、对象。T.P.O.原则是目前国际上公认的衣着标准。着装遵循了这个原则，就是合乎礼仪的。

（2）整体性原则。正确的着装，能起到修饰形体、容貌等作用，形成和谐的整体美。服饰的整体美构成，包括人的形体、内在气质和服饰的款式、色彩、质地、工艺及着装环境等。服饰美就是从这多种因素的和谐统一中显现出来。

（3）个性化原则。着装的个性化原则，主要指依个人的性格、年龄、身材、爱好、职业等要素着装，力求反映一个人的个性特征。选择服装因人而异，着重点在于展示所长，遮掩所短，显现独特的个性魅力和最佳风貌。现代人的服饰呈现出越来越强的表现个性的趋势。

（4）整洁原则。在任何情况下，服饰都应该是整洁的。衣服不能沾有污渍，不能有绽线的地方，更不能有破洞，扣子等配件应齐全。衣领和袖口处尤其要注意整洁。

（5）三色原则。即外衣、衬衣、领带、皮鞋的颜色不宜超过三种。

2. 着装要协调

（1）着装要满足担当不同社会角色的需要。人们的社会生活是多方面、多层次的，在不同的场合担当不同的社会角色，因此要根据情况选择不同的着装，以满足担当不同社会角色的需要。

（2）着装要和肤色、形体、年龄相协调。比如，较胖的人不要穿横格的衣服，肩胛窄小的人可以选择有衬肩的上衣，颈短的人可选择无领或低领款式的上衣，而中老年妇女不能像少女一样穿超短裙。

（3）着装还要注意色彩的搭配。既突出各自的特征，又能相映生辉。

三、发饰礼仪

得体的发饰能增添人的魅力，能使人容光焕发，充满朝气。

（一）发型设计

发型不仅要符合美观、大方、整洁和方便生活的原则，而且要与头发的性质、脸型、体型、年龄、气质、服装以及环境等因素很好地结合起来，才能呈现整体美的形象，也更能适合自己的职业特点。

1. 职业学校学生的发型

职业学校学生的发型要反映出青年人的精神面貌。应留标准的学生发型，不能烫发，不能留披肩发，更不能剪成怪异的发型。

（1）男生发型。男生后面的发际线应在领子以上1~2厘米，两边的头发不能盖住耳朵；发型要有层次，不准留齐发，不可留中分发型。头发的前帘揪下来不能挡住眉毛。职业学校的学生若以西服样式为校服时不可留寸头，以标准的学生发型与服装保持一致。另外，男生不要用摩丝、发胶来定型头发。

（2）女生发型。女生发型后面的发际线应在耳朵下2~3厘米，"刘海"不要遮住眉毛以下的部位，可梳成扣边或短发，也可以梳成运动式，底端可剪出层次。一般在参加礼仪活动时可用摩丝、发胶定型，以展示女子端庄、文雅、大方的气质。无论男生还是女生身上都不能带有头皮屑。

2. 成年人的发型

（1）男士的发型。男士的头发长度以5~6厘米较好。发型的选择要与脸型般配。脸长的人不宜留短发；下巴丰满的人可以把鬓发朝上梳一些；下巴较方的人可以留2~3厘米的鬓发。

男士在参加社交活动或穿西服外出时，应将发型梳理整齐，吹风定型。

（2）女士的发型。女士的发型首先应与脸型相配。

1）圆脸形。前额的头发要高起来，不留过长过齐的刘海儿，两边的头发应帖服，不要蓬起。

2）椭圆形脸。被称为东方女性的最佳脸型，也称鸭蛋脸、瓜子脸，可配任何发型。

3）长形脸。可适当地用"刘海"掩盖前额，青年人可留齐刘海儿，头缝不可中分。如果头发卷曲，可将两侧的发角外翻，从而增加脸型的横向比例。

4）方形脸。可将方阔的额头用刘海儿遮住，削去棱角，两侧的头发要稍长一些或烫一下，使脸型趋向于圆润，以曲线的美掩盖方形的缺欠，达到椭圆形脸的效果。

5) 菱形脸。应使两侧头发厚度大一些,用刘海儿遮住前额,可以适用蘑菇式发型。

6) 三角形脸。发型应尽可能增加额头两侧的厚度,可采用侧分发式掩盖尖窄的额头的缺陷。头发不要向后背。

3. 发型的选择与体型的关系

(1) 矮胖型的人不宜留披肩发,头发也不可烫得过于蓬松,应留轻便的运动式或将头发盘起来露出脖子,以从视觉上增加一定的身高。

(2) 高瘦型的人不宜留削得很短的发型或将头发高高盘起,可留长发、直发和大波浪的卷发,或是内层次的平妆式。

(3) 矮小型的人不宜留披肩发,可剪成超短式,或将头发高盘于头顶,增加高度,给人以向上提的感觉。

(4) 高大型的人以短直发为好,也可使用大波浪的卷发或盘发,显得自然大方。

无论男士还是女士,在社会交往过程中,可根据关系的密切程度来选择发型。如果是常来常往的朋友,只要大方整洁就行了,过分的修饰会冲淡融洽的气氛;参加舞会,应尽可能打扮得华丽一些,可以把平时不宜梳的发型梳理出来,尽量地表现自己,以适应舞会气氛。参加婚礼时,客人可以梳理得漂亮些,以示对新婚夫妇的祝贺,但不可喧宾夺主;工作人员、外事人员的发型应注意男士不留长发,一般也不烫发,但可适当地进行局部的修饰;女性不烫大波浪的发型。专业部门的日常发型还应当与职业形象协调。一般来说,头发清洁整齐,色泽统一,丝丝可见光泽,具有弹性、不打结、不分叉,都是基本要求。

(二) 头发的保养与护理

头发有保护头皮、缓冲撞击、防止意外伤害和冬天保暖、夏天避晒以及避免蚊虫叮咬、调节体温等作用。同时,它更是仪表美的重要组成部分。要想如愿以偿地拥有一头秀发,必须懂得一些头发保养与护理的知识和技巧。

1. 头发的保养

(1) 饮食美发。中国人的头发以乌黑为美,黑色更是青春的标志之一。从中医理论上讲,肾气盛则发乌黑有光泽,肾气虚则发稀而枯黄。所以美发应从补肾入手,多吃些含有维生素、微量元素、蛋白质的食物,如绿色蔬菜、水果、鱼、鸡、猪肉等。头发枯黄或过早变白,应多吃动物的肝脏、黑芝麻、核桃、葵花子、黄豆等;头发脱落过多应补充蛋白质以及钙、铁、硫等多种微量元素,如黑豆、蛋、奶、松仁等食物;头皮屑过多可吃含碘丰富的食物,如紫菜、海带、海鱼等。

(2) 科学洗发。洗发应根据头发的不同性质来确定洗发周期和选择洗发用品。在自然环境较好的条件下,油性头发以每天洗一次为宜,选择去油作用强的洗发剂;干性头发最好2~3天洗一次,宜选择含有蛋白质的营养型洗发剂。

洗发时,水温以40摄氏度感觉舒适为宜,不可太烫。头发用水浸湿、浸透,然后涂抹洗发剂,从发根至发梢反复洗涤、梳理,再用清温水冲洗干净;然后,用毛巾将头发拍干,用宽齿梳子轻轻梳理,排除缠结,理顺发丝可用吹风机吹干。

2. 头发的护理

头发的护理既可以根据头发的不同性质,也可以按照不同季节或人的不同生理阶段来选择适当的方式进行。人的精神是否愉快也对头发的秀美很有影响。根据头发的性质和弹性不同,可以把头发分为五种类型:

(1) 粗而硬、富有弹性的"钢发"。属于"钢发"的人,无论男女都不适宜留长发。

(2) 发丝细软、弹性较差的"绵发"。这种类型的头发可以梳成任意发型。梳短发时,女性宜留齐眉穗,烫发时宜卷各种花型,并略长些,给人一种温柔的美。

(3) 油脂较多、抗侵蚀力强、弹性不够稳定的"油发"。这类头发选择的发式应便于清洗,留短发时要修剪出层次。

(4) 容易干燥、蓬松的"沙发"。这种类型的头发可留长发或短发,但不宜梳成平直的短发,若要烫发,则需作成较大的波纹卷。

(5) 自然形成蜷曲状的"卷头"。这种类型的头发适宜梳长发,展现自然风貌。

不论是一头天然生成的秀发,还是戴假发,女性如果在头发的适当部位戴上得体的发夹、发带或头花等饰物,就能对整体美起到"画龙点睛"的作用,从而增添无限的魅力和风韵。但要注意饰物不可堆砌,否则给人一种俗气的感觉,反而失去自然美。

四、语言交谈

(一) 交谈的态度

谈话的时候态度要诚恳、自然、大方,表达要得体并且待人一定要热情。要遵循"三A"(Attention, Accept, Admire,即尊重、接受和赞美)原则。

（1）尊重对方。无论是同事还是朋友,你的尊重之情通过简单的三言两语,就会传达出去。体现这种尊重的方式有很多种,比如用真诚的态度和表情去问候,使每个听到问候的人都如坐春风;还有就是努力记住别人的名字,并在谈话中经常使用尊称,这样很容易使对方的自尊心获得满足,并且知道了在你心中他的位置如此重要,那么接下来的交谈自然就会变得顺畅。

（2）接受对方。所谓接受对方,就是尊重对方的想法,不与对方争辩或是抬杠,或者在言语上争胜负,尽量换位思考去体谅对方的想法,给予充分的包容。

（3）赞美对方。学会用善良宽厚的目光去体察别人,就总能在对方身上发现闪光点。没有谁喜欢听挖苦的话,人人都喜欢赞美。如果一个人个子很矮但很聪明,那么你就不能强调"你的个子真矮",而应赞美对方"你真的很聪明,讲的话都很有道理"。当然,赞美是需要适可而止的,一味地胡乱吹捧、不着边际地夸赞是会令人反感的。

尊重、接受和赞美,这几个词说起来十分简单,要真正做好却不容易。有的人三言两语,就能让人心生喜欢,你会觉得他的笑容,说话时的手势和举止,总是透着一股说不出来的吸引力。其实,这样的人无一不具有真诚的交谈品质,他们的这种尊重与诚恳的态度,通过言谈举止传达过来,使你最终被打动。世间许多事情莫不如此,态度比技巧有时更为重要,态度正确了,你自然会得到与之相对应的结果。提高语言的表达技巧,并非一朝一夕的速成之事,但是若你有一个良好的态度,技巧就不是那么困难了。三A表达态度,能无声无息滋润对方的心田。

（二）交谈的内容

1. 适合的谈话内容

有的谈话开始前就有明确的目的,也就是交往双方事先已约定好了谈话内容,那么谈话可以就既定主题进行。如果没有既定主题,可从以下几个方面进行谈话。

（1）高雅的主题。如文学、艺术、历史、哲学等。这一主题最忌讳不懂装懂而贻笑大方。注意,即使有人那样做,你也不要对他的这种行为表现出不齿。

（2）轻松的主题。比如文艺演出、旅游观光、风土人情、流行时尚。

（3）擅长的主题。比如和律师交谈的时候,可以谈谈法律方面的话题;和文艺工作者交谈的时候,可以谈谈文学创作等。也可以就近期社会上出现的事物,谈谈看法。如果一个话题双方谈得不投机必须立刻转移话题。

2. 不适合的谈话内容

交往双方的谈话,往往会涉及有关年龄、收入、婚恋、宗教信仰、住址、个人经历等,如果不是对方主动提出来或是工作需要必须了解的内容,就不要谈论。而且,谈话内容一般不要涉及疾病、死亡等不愉快的话题,不谈荒诞离奇、耸人听闻或黄色淫秽的事情。另外,像有关错误倾向的话题,如违背社会伦理、生活堕落、政治错误等,也不适合交谈。

(三)谈话的注意事项

不要显示自己位尊或者位卑与人,要显得不卑不亢。

不要论人是非,东家长西家短的。既然是正式交谈,就没必要涉及无关的第三方,更不要议论第三方。

不要攻击别人短处,不然大家会认为你好搬弄是非。

不要花言巧语。态度要诚恳,实事求是,不用过分虚伪、客套。当然,讲话也要注意分寸。

不要独白,一个人在那儿从头讲到尾。既然交谈讲究双向沟通,在交谈中就要目中有人,礼让对方,要多给对方发言、交流的机会。不要一人独白,"独霸天下",而始终不给别人张嘴的机会。要注意以下原则:

(1) 时间原则。普通场合的小规模交谈,以半小时以内结束为宜,最长不要超过1个小时。

(2) 少讲多听原则。如果人多,在交谈中每个人的发言,最好不要超过5分钟。现实中这条很难做到,除非很有修养的人。

(3) 不随便插话原则。不要插嘴、抬杠。出于尊重的需要,别人讲话的时候,不要中途打断或是和人争辩,这是有悖交谈主旨的。即使有话要说,也要等到对方说完一件事或中途停顿的时候再说。

(4) 不得纠正原则。不要说"你错了"。谈论某个话题的时候,即使是对方的观点错了,也不要直接说"你错了"之类的话。如果你这样说了,不但改变不了对方的态度,反而会招致对方的反感、敌对情绪。

(5) 举止文雅原则。说话时不要手势姿势过大,手舞足蹈,动作要适当。不要和对方离得过近或过远,更不要拉拉扯扯、拍拍打打,尤其注意不要唾沫四溅,标点符号乱飞,那样真的很失态。

第二节 师生礼仪

一、尊重老师

尊师是中华民族的传统美德，也是礼仪规范的一项传统内容。教育事业是神圣的事业，老师理应受到全社会的尊重。尊重老师，从下面几点做起。

(1) 尊敬师长，首要的是必须尊重老师的劳动。韩愈在《师说》里说道："师者，所以传道授业解惑也。"在当今社会中，教师的责任仍是如此。老师的知识传授主要是通过课堂教学来完成的。为了讲好每一节课，教师们都要花费很大的心血。因此，学生应以最饱满的情绪，集中精神，积极思索，认真听好每一节课，这是对老师辛苦劳动的最大尊重。

(2) 老师布置的作业，是课堂教学的延续，同样灌注了老师的苦心。学生应该按时、认真、独立地完成各种作业，并且认真体会老师在作业上悉心批改之处，这同样是对教师的一种尊重。

(3) 学生应该虚心接受老师的批评教育。社会主义教育事业的根本目的，是要把学生培养成为"有理想、有道德、有文化、有纪律"的"四有"新人。这就是说，教师不仅要教书，还要育人。在这一点上，绝大部分的老师都是以最大的热忱、最审慎的眼光来观察、分析和研究他所教导的每一位学生的思想品质和性格特征，研究每一位学生的学习情况、社会环境和家庭环境，以便全面地培养和造就每一位学生。正因为如此，教师对每一位学生提出的鼓励或者批评，都是为了帮助学生尽快地成长起来。所以学生虚心地听取老师的批评帮助，认真地改正自己的缺点错误，同样是对老师的尊敬和热爱。

老师的批评如果与事实有出入，学生要在老师讲过话后平心静气地加以解释，或在事后寻找适当的场合、时机加以说明。与老师发生矛盾，学生不要顶撞老师，更不要在课下散布对老师的不满情绪，散布无理言辞。

(4) 除上述内容之外，学生还要在礼仪上自觉地维护老师威信，对老师应该虚心诚实，言行有礼，在行动上应按规范去做。早晨进校见到老师，不管是否给自己任课，均应行礼，问早、问好，一般以鞠躬礼问候；平日在校园内与老师相遇，也应打招呼问好，如道路(楼道、走廊)狭窄应向右手边跨开一步,给老师让道。学生进老师办公室,应先敲门,经老师允许后方可进入,在办公室不可随意翻动老师的东西;与老师谈话或议事,应请老师坐下,自己站立,面对老师,认真听老师讲话;与老师谈话时,声音要轻,以免影响其他老师办公、休息。中午休息时,学生尽量不打扰老师。

(5) 老师在家访时,学生要很礼貌地将老师请进家门,将老师介绍给家长,热情地请老师坐下,沏茶倒水;老师和家长交谈时,学生可根据情况,决定是陪坐还是回避;老师告辞时,要将老师送出门,向老师致谢,与老师道别。

(6) 节假日到老师家中去拜访,要掌握好时间。既要慰问老师,又不要过分打扰老师的各种活动和休息。遇到老师生病或家中有事,前去看望的人不宜过多,应选派代表去看望,并酌情帮助老师做一些力所能及的事情。

二、热爱学生

教师是教育劳动的主体,学生是劳动对象,教育劳动的过程是师生之间交往、教学相长的过程。师生关系是否协调直接关系到教育方针的贯彻和教育目的的实现,而协调好师生关系的关键是教师要热爱学生。苏联教育家捷尔任斯基说得好:"谁爱孩子,孩子就爱他。只有爱孩子的人,他才能教育孩子。"没有爱,就没有教育。是否热爱自己的学生,实际上也就决定了教师教育工作的成败。

1. 教师爱学生的重要意义

(1) 教师对学生的热爱,是学生正确评价自己的依据。学生入学之后,与家庭的关系开始减弱,与学校的关系开始加强。在对人的关系上,与教师和同学的关系也就越来越重要。教师的喜爱或轻视,成了学生最关心的问题。每个学生都不断作出评价:"我是班上最好的学生,老师喜欢我"、"我脑子太笨了,学习不好,老师不喜欢我"。学生的自我评价主要来自教师,他们通过教师的语言行为,认识自己行为的对错好坏,从而形成自我评价。教师对学生的态度和行为,是一种信息反馈和期待。因此,热爱学生、协调师生关系是教育获得成功的基础。

(2) 教师对学生的热爱,是学生树立自信心的强大动力。教师爱学生,能激起学生的上进心,自信心。教师真诚地爱学生,尊重学生,天长日久就会使他们内心感受到温暖,产生一种精神力量。这是促使学生前进的内部动力,是学生接受教育的前提。

美国心理学家罗森塔尔等人做过一个著名的心理学试验,他们从某小学各年级中选出十几个班,对这些班学生进行"发展预测"。之后,把优异学生名单告知有关教师。所谓的"发展预测"只是摆样子,而优异学生的名单,则完全是随意指定的。通过老师的言行、态度等把这种喜爱和期待的感情微妙地传递给这些学生,使他们在老师的期待中看到自己的潜力和价值,更加自爱、自强、奋发向上,力求使自己不辜负老师的期望,这些学生最终都取得了进步。可见,学生的成长进步与教师的关爱有着密切关系。教师对学生的热爱与期待可以对学生产生巨大的感召力、推动力,促使学生追求进步,积极向上,并树立起强烈的自信心。

(3) 教师对学生的热爱,是达到教育目的的途径。教师只有关心学生才能取得学生的信赖,使学生乐于接受教师的教育。学生对教师采取的态度,和他的学科兴趣、学习成绩之间存在密切的关系。学生喜欢的教师,他的学科就容易引起学生的兴趣,学生对该门课的努力程度高,学习成绩也就好;反之,学生不喜欢的教师,连同他教的学科也受到学生的轻视,学习成绩也就不好。

学生所喜欢的教师,一般都是关心爱护学生的教师。所以对一些后进生,更应付出比其他学生更多的信任和关爱,一点点打开他们闭锁的心灵,让他们感受到老师对他们的一片真心,感受到老师对他们的关注和期待。教师的教育要求只有融入对学生爱的情感里,才能转化为学生自身的需要,引起他们积极反应,从而达到教育目的,获得教育的成功。所以,教师的爱对学生的教育起着至关重要的作用。

(4) 教师对学生的热爱是学生身心健康成长的需要。教师对学生的爱,能够影响学生情感的发展和个性发展,能够提高学生对教育教学活动的兴趣。

教师不断对学生施与爱,使学生从教师的爱中认识到自己的价值,更树立了自尊心和自信心。于是,就能促使他们乐观向上,奋发进取,培养出自尊自信、积极豁达的性格和不怕困难、战胜困难的勇气。苏霍姆林斯基说:"对孩子的热爱与关怀,是一股强大的力量,能在人身上树起一种美好的东西,使他成为一个有理想的人,而如果孩子在冷漠无情的环境中长大,他就会变成对善与美无动于衷的人。"

总之,一个优秀的教师,应当用自己满腔的爱去关心、尊重学生,耐心细致地指导学生,沟通和学生的思想感情,使自己成为学生爱戴的人。

2. 教师对待学生的禁忌

(1) 忌冷漠无情。教师首先应该意识到,对学生的冷漠无异于否定自己的人生价值。

教师常常被称为人类最崇高的职业,因为他们担负着把人类创造的文明传授给新一代的神圣使命。学生在渴求知识的年龄,对老师的期望和信任,某种意义上不亚于对亲生父母的期望和信任,这就决定了师生之间的交往离不开情感。一个态度冷漠的老师无法让学生体会到情感的召唤,无法激起学生对老师的爱戴、信任和期望。当一个教师不能被学生理解和爱戴时,他的人生价值也就黯然失色了。

(2) 忌傲慢与粗暴。教师更不能对学生傲慢和粗暴。只有缺乏修养的教师才会表现出这些行为。傲慢的教师原本想显示自己如何有能耐,然而真正的能耐是由学生感受到的,而不是自己标榜和炫耀的。教师的粗暴也许能暂时镇服学生,但是这种方法永远不可能征服学生的心。退一步说,即便教师的粗暴里包含着让学生追求上进的良好愿望,也很可能被粗暴的教育管理方法本身弄得面目全非。

(3) 忌过分偏爱。教师不应该对学生过分偏爱。十个指头不一样长,学生里同样有好、中、差。让教师对学生完全一视同仁,恐怕也太难为他们,而且也是不现实的。但是,再差的学生也期待着教师的培养教育,正如再丑的孩子也离不开母亲的爱恋一样。好学生固然是一朵花,差学生也并不就是豆腐渣,有多少差学生在逆境中奋起,取得了可喜的进步!教师如果过分偏爱好学生,冷落差学生,就会大大伤害学生的自尊心,造成师生之间的隔阂与对立,有的学生则由此而更加自卑,进而影响学业以至人生的道路。

三、同学之间的礼仪

在校学习期间,同学们朝夕相处,是亲密的伙伴。俗话说得好:"一辈同学三辈亲。"同学时期那天真,那纯情,那真挚的友谊是最值得珍惜的。所以,同学之间彼此应以礼相待,注重文明礼貌,相互尊重、相互友爱,主动帮助有困难的人,尊重他人的生活习惯。处处要注意团结同学,一言一行,一举一动都要从团结的愿望出发。

同学之间的礼仪,要注意以下几个问题。

(1) 注意讲话分寸和场合。同学之间即使开玩笑,也要注意这两点,该说的就说,不该说的一定不说。古人说:"盛喜时,勿许人物;盛怒时,勿誉人言;盛喜之时,多失信;盛怒之时,多失体。"所以,特别是在高兴和生气的时候,要更注意自己的言行。不要一高兴就信口开河,求得一时的痛快,全然不顾后果;一生气就暴跳如雷,骂不绝于耳。这样不仅造成很坏的影响,也会给人无教养、无礼仪修养的印象。交谈是同学之间交流的主要形式和交际手段,与和老师交谈相比,同学们之间的交谈较随意,但也有一定的礼仪规范。说话态度要诚恳、谦虚,交谈中力求语言文雅。另外,和同学相处要谨防传话,在背地里说别人长道别人短,这是同学间最忌讳的东西。正确的做法是,自己不传,不说。听到别人说,要认真分析真伪,不要轻信,不要盲从,处处养成勤动脑、多观察的好习惯。

(2) 借物还物。经常在一起,免不了相互之间借用东西,但是必须做到有借有还,即使随便用一下别人的东西,也一定要打个招呼,告诉一声,不要拿起来就用,根本不问主人是谁。和同学相处一定要言行一致,表里如一。嘴里说的,就是行动上干的,能做到的就说能做到,做不到的就说做不到,实实在在,不搞虚假的那一套。

(3) 乐于助人。同学需要帮助时,一定要尽最大的可能助其一臂之力,不要视而不见,置之不理。乐于助人是我们中华民族的美德,也是礼仪修养中不可缺少的内容。当然,帮助别人要根据具体情况,做到尽力而为,量力而行。但是,另一方面,有困难的同学也不要强求别人帮助,给别人造成困难,甚至带来麻烦。有困难自己多克服,有痛苦自己多承受,有危险自己多承担,尽可能避免打扰别人,这也是我们中华民族的重要美德之一。

(4) 谦虚谨慎,平等相处。要正确地对待同学,就必须正确地估价自己,时时处处把自己放在恰当的位置上。妄自尊大,妄自菲薄,忘乎所以都是不切合实际的,所以是不足取的。自知,自尊,自制,即在人格上要自尊自重,顶天立地,品德上能伸能屈,能上能下,与人交往要不卑不亢。一定要做到有自知之明。要建立自己的信誉,说话、办事要讲信用,言必信,行必果。不要弄虚作假,玩弄手腕,耍小聪明,这些小人之举是最令正直的人厌恶的。

(5) 一视同仁。俗话说:"尺有所短,寸有所长。"作为学习成绩好的学生,不能鄙视成绩差的学生,要保护他们的自尊心,尊重他们的人格。凡人凡事都要一分为二,不能偏听偏信。同学们在交往过程中,一般容易停留在对对方的外部特征的了解上,不善于了解对方的内心活动。这种感知的不灵敏和理解的不深刻会影响人际关系的深度和融洽性。我们每一个同学在与他人交往时,不妨努力做到善解人意,助人为乐。

(6) 集体意识。在集体生活中,要顾全大局,遵守规章制度,要按照大多数人的意志做事,千万不可我行我素,只顾自己,把自己的方便建立在对别人有害的基础上。一个人离不开集体,正像一滴水离不开浩瀚的江河大海,否则会干涸一样。一滴水的寿命是短暂的,但当它汇入海洋并与之融为一体的时候,它就会获得永生。一片雪花微不足道,然而,它"分则一毛轻,聚则千钧重",一粒石子固然渺小,但"高山不择细土,故而能成其高"。一个人又何尝不是如此呢？如果我们离开了所生活的集体，离开了同学，我们的生活将失去阳光。雷锋，他平凡而光辉的一生，无时无刻不在实践着自己的诺言："自己活着，就是为了使别人过得更美好。"这种无私地为集体为同志作奉献的精神，激励着几代人。有的同学总埋怨集体对他关心帮助不够，而自己究竟为集体为同学付出了多少，他却很少去想。其实一个温暖的集体，需要它的每一个成员作出无私的奉献。如果人人只想索取，不想去关心别人，那么友爱温暖的集体又从何而来呢？几十位同学生活、学习在一个班集体中，几十个人有着不同的家庭环境，有着不同的生活经历，有着不同的性格爱好，交往中难免发生磕磕碰碰的事情，同学之间，个人和集体之间常常会有利害冲突。只要我们有一个豁达的胸怀，有一颗关心他人的赤诚的心，有一腔为集体服务的热忱，又有什么矛盾不能克服，又有什么烦恼不能抛弃呢？用你的真诚去爱别人，必然会得到别人真诚的回报。只有为集体为同学服务的同学才会得到同学们的真诚感谢，享受到人生的最大快乐和幸福。让我们从每一件小事做起，从自己身边做起，尽自己的努力，为集体作贡献。爱因斯坦曾说过："一个人的价值，应当看他贡献了什么，而不应当看他取得了什么。"我们要体现出人的价值，为集体，为社会多作贡献，在你付出的同时，得到的会更多。

（7）虚心请教。面对自己根本不理解的问题，要问出个所以，搞清来龙去脉，不要顾及情面，缩手缩脚，不管懂不懂都点头称是，要有打破砂锅问（纹）到底的精神，直至把问题弄明白才罢休。请教别人，要本着先思考后请教的原则，对于自己经过思考可以弄懂，然而又一时不开窍的问题，在请教别人的时候，最好只要求别人提示，启发一下，然后充分发挥自己的主观能动作用，继续去独立思考，不要让人家全部都讲出来。向别人请教之后，自己应再认真思考一番，其意义在于消化别人给你讲的东西，这就是荀子所说的"入乎耳，箸乎心"，琢磨一下别人解决这个问题的途径，想一想自己在问之前为什么没有想出来，自己的思路有什么问题，这样的思考有助于培养自己分析问题和解决问题的能力。

同学交往中，切忌人格不平等。无论学习成绩好坏，家庭出身贵贱，同学们在人格上是平等的，因此不应该在同学面前表现出明显的自傲或自卑来。自傲者和自卑者都可能在他们与其他同学之间人为地拉大距离，影响同学关系的正常发展。同学交往免不了攀比。如果是比思想进步，比学习进步，比身体健康，这当然好；但如果是比谁家老子官大，谁家阔气，谁穿的最时髦等，就实不可取。前一种比，比的是志气、信心，后一种比，比的是虚荣、嫉妒，其结果，前者越比越进步，后者越比越落后。所以，重要的是看比什么。

同学交往，切忌小团体主义。一个班级里的同学中总会产生一些朋友群体，但是，不论群体内的人,还是群体外的人,都是自己的同学,不要只与群体内的同学(朋友)相处,而不与群体外的其他同学相处。尤其是当小群体的利益与全班的利益发生矛盾时,不应当牺牲全班的利益来满足小群体的利益。

四、自觉遵守校规校纪　弘扬优良校风

校风是一个学校师生员工共同具有的理想、志向、愿望和行为习惯等多因素的综合,是一种精神状态和行为风尚。校风是一种无声的命令,一经形成,便成为一种巨大的教育力量。

校风建设离不开严格的校规校纪的保障。遵守校纪校规,才能树立真正的优良校风。

(1) 进一步增强执行校规校纪的严肃性。人们常说,纪律是"铁"的纪律。校规校纪一旦形成,就具有神圣不可侵犯的性质。学校关于出勤、出操、自修、上课、卫生、考风、考纪、作业等方面的纪律规范,是保障学校生活正常进行,保障正常教育教学秩序的基本条件,是我们每位同学日常行为的基本规范,我们必须不折不扣地贯彻执行。

(2) 进一步增强执行校规校纪的自觉性。从大的方面来说,校规校纪是学校提高质量、树立品牌的基本保障;从小的方面来说,遵守校规校纪是个人健康成长的内在要求。在校规校纪的约束下,我们培养的是民主法制的良好品质;在校规校纪的引导下,我们的精力才能集中于全面发展的正确轨道上;在遵守校规校纪的过程中,我们的青春才能熠熠生辉,不至于虚度年华。因此,遵守校规校纪应当成为我们的一种自觉行为。

(3) 进一步增强执行校规校纪的责任心。从正面来说,遵规守纪是每个同学对学校、对自己义不容辞的责任;从反面来说,每位同学必须承担违纪违规带来的一切后果。校纪面前人人平等。学校决不允许任何个人可以凌驾于校纪之上。俗话说,谁生病,谁吃药。如果有些同学仍然一意孤行,对学校、老师、家长的教育置若罔闻,那就必须承担相应的惩处。

纪律的约束针对的是违反纪律的人,也只有违反纪律的人才会感到不自由。让我们进一步增强执行校规校纪的严肃性、自觉性、责任心,使弘德励志、知行合一的校风不断发扬光大。在严格的校规校纪的引导下,勤奋学习,努力工作,张扬个性,健康成长。

第三节 课堂礼仪

一、课堂上教师应遵循的礼仪

教师礼仪指教师在教书育人的岗位上如何表现教师应有的气质与风度。教师是人类灵魂的工程师,承担着教书育人、为人师表的光荣职责。教师仪表是教师整体风范之一,他们的音容笑貌、文明举止、正派作风、渊博知识、儒雅风度、衣着发式无形中都成为学生和社会学习的楷模。

(一)教师仪容仪表

仪表是指人的外表,它包括衣着、发式、举止和姿态等。

教师被誉为人类灵魂的工程师,担负着教书育人、为人师表的神圣职责。而教师仪表又是整个师者风范的重要内容之一。可以说,教师仪表的好坏,对于学生的价值标准、审美标准的形成,有着重要的示范和影响作用。

教师应该严格要求自己对学生做到:一幅仪表风范,一张笑脸相迎,一句好话回应,一双眼神鼓励,一颗爱心相待。

为此,教师的仪表就要符合两个要求:一是形象美,即衣着、发式要整洁大方,符合教师形象;二是风度美,即气质、举止稳重端庄,姿态动作落落大方,显示出教师的内在修养。有四点需要注意:

(1)衣着要整洁。姑且不论其穿着的质量好坏、新旧如何,或者是否是高档的名牌,只要能做到端正、妥帖、干净,得体,就会给人以清新、高雅之感,会使学生感到可敬、可亲又可爱,无形中成为学生的榜样。否则,如果衣冠不整,甚至穿着裤衩和背心、拖鞋去上课,就会给学生留下不修边幅、不懂礼节的坏印象。

(2)服饰要大方。这主要是指服装和发式方面不要过于追求时髦华丽。一般说来,教师的服装式样宜庄重、清新和自然。服饰色彩不宜太鲜艳,太刺眼,应以素雅、含蓄为佳。

教师如果穿上奇装异服,打扮得花里胡哨,学生就会觉得不知道是看服装模特还是在听课。这既影响了教学效果,也影响了教师形象。

(3) 举止要稳重端庄。一个人的精神气质必定要在举止、姿态方面反映出来。作为教师,更要注意自己的一举一动。

(4) 注意公众形象。在公众场合,应注意自己的言谈和举动;在社会上更要成为遵守文明公约的典范,为他人作出榜样,不能给教师丢脸。

教师之间相遇,一般都应主动热情地招呼对方。早晨相见,道声"早";课间相见,可互相点头微笑;临下班则互相道声"再见"。这样会使大家感到好似生活在一个温暖的大家庭里。

青年教师和学生相处,因为年龄差不多,态度可以随和一些,也可以主动招呼学生。这样有利于和学生打成一片,并有利于教学工作。

总之,作为一名教师,在任何场合,都应自觉地保持良好的仪表,待人接物温和自然,举止态度谦恭庄重。这样才能赢得学生的爱戴、信任以及社会的敬重。

(二) 教师风度举止

教师还应该有一个好的风度。所谓风度,是指一个人的精神气质、举止行为以及姿态等方面的外在表现。教师的举止姿态,总的要求应该是稳重端庄和落落大方。在公众场合,还应十分注意自己的谈吐和动作。如不要一面讲话,一面抠鼻子,不要随地吐痰,不要乱扔烟蒂。否则,都会影响自己的教师形象。

一个人的气质、涵养往往从他的姿态中表现出来,作为塑造人类灵魂工程师的教师,更要注意自己在各种场合的行为举止,做到大方、得体、自然、不虚假。

1. 讲台上的举止

(1) 目光。眼睛是心灵的窗户,它可以反衬出一个人心中的一切波澜。在讲台上,教师要善于应用自己的目光,表达自己的思想。讲课时,目光要柔和、亲切、有神。给人以平和、易接近、有主见之感。不能死盯住某个学生,这样不仅不礼貌,还显得咄咄逼人或神智呆钝;无节制地东张西望,又给人以心不在焉,应付差事之感。合理运用目光的要领是:把目光放虚一点,不要聚集于某人,而是将目光罩住全场。还要注意,当您讲话出现失误被学生打断,或学生中出现突发事情打断你的讲课时,不能投以不满或鄙夷的目光,这样做有损于你在学生心目中的形象,反映出自身的心胸狭隘与无礼。在讲台上,教师的目光要注意:对学生不能运用斜视、瞥视、瞪视、眯视等傲慢目光,也不能目光游移不定,看天花板或讲台,或表现出惊恐不安,心神不定,害怕见人的神情。

(2) 坐姿。教师应提倡站着讲课,但在一些讲座课或教师年龄较大的情况下,也可以坐着讲。坐着讲课应注意,坐姿要端正,身体要坐在椅子中间,上身与椅背平行,两腿要并拢,间距不可过大。坐着讲课时切忌斜身、后仰、前趴和侧坐在椅子上。用手抓握话筒,用稿掩面等,这样讲课也是对学生的不尊重和不礼貌,表现为一种病态,不符合教师的身份。

(3) 站姿。一般的教师应站着讲课,这样更有利于身体语言强化教学效果,也是对学生的重视。站着讲课时,两脚脚跟落地,站稳站直,胸膛自然挺起,不要耸肩,或过于昂着头。需要在讲台上走动时,步幅不宜过大过急。女教师讲课时最好不要穿高跟鞋,以免声音过响转移同学的注意力,一般穿平底软跟鞋较好。持稿讲课时,持稿高度与胸平行,不能掩面或过低,也不能在眼前晃动讲稿。

(4) 手势。老师讲课时,无论站姿还是坐姿,一般都需要配以适度的手势来强化讲课效果。手势要得体、自然,恰如其分,要随着相关内容进行。讲课时忌讳用手指点人、敲击讲台或作其他过分动作,忌故弄玄虚,哗众取宠。

(5) 板书。整洁清楚的板书应根据所授的内容进行概括,事先有所设计。这也反映出教师对教学的态度和对课程的重视以及对学生的尊重。板书时要求书写公正、整齐,切忌写错别字和不规范的字。板书不能过于潦草、凌乱,而应条目清楚,突出讲课重点内容。整体设计要规范、醒目、美观,给学生留下清晰的印象,便于学生记录和复习。

2. 课后的行为举止

教师课后常常在家访、集会和组织参观游览时和学生交往。在这些场合里,一方面要放下在讲台上严肃、庄严的架子,和家长、学生亲切随和地交谈或听取学生的意见,使学生或家长不感到拘束,这时的举止应随意,言谈要幽默、风趣,努力拉近与学生的距离,切忌板着面孔,故作正经,引起学生的反感。另一方面也不可过于随便,如和学生拉拉扯扯,称兄道弟,这样容易失去老师应有的尊严,给课堂教学和进行思想教育工作带来不利影响。

(三) 教师的言语行为

师者,传道授业解惑也。教师承担的主要任务都离不开语言表达。因此,作为一名教师,要注意表达语言时应遵守的礼仪礼节。

1. 讲台上的言谈

(1) 表达要准确。在讲台上,教师在讲授教学内容时应注意:学校中设置的每一门课程都是一门科学,有其严谨性、科学性。教师在教授时应严格遵循学科**的**要求,掌握专用名词和专业提法,不可随意通俗化乃至庸俗化。同时,讲课要紧扣教学中心,严密、直接。

(2) 音量要适当。讲课不是喊口号,声音不宜过大,否则给学生以声嘶力竭之感。如果声音太低又很难听清,会影响教学效果。

(3) 语言要精练。讲课要抓中心,不说废话和多余的话,给学生干净利索的感觉。

(4) 讲课时可以适时插入一些风趣、幽默的话,以活跃课堂气氛,提高学生学习的兴趣。但不可过于随便,冲淡了学科的严肃性。过多地在课堂上讲笑话,扯贫嘴,会影响正常教学内容的进行。

2. 与学生谈话

教师为了做好学生工作,经常要与学生进行谈话,谈话时要讲究举止,分清场合。

(1) 提前通知,有所准备。谈话最好提前与学生打招呼,这既是一种礼貌,又是对学生的尊重。最好先简要说明内容,让对方有思想准备,**然**后**商**定**谈**话的时间、地点、方式,让对方认可,并对对方的合作表示谢意。

(2) 热情迎候,设置平等气氛。要热情迎候谈话学生的到来,在门前热情迎接,不能在屋里站着不动或在门口谈话,这是对学生的不尊重不礼貌。与学生谈话时,座位安排及距离要适当注意,要让学生坐在与自己平等的位置上。如果自己高坐其上,或坐在办公桌后,会造成学生的思想压力及心理失衡。

(3) 举止端正,行为有度。谈话时,语气要平和,目光要注视对方,赞成的内容应点头示意。与犯了错误的学生谈话,对方如果不接受谈话内容,甚至耍态度,教师要有耐心,摆事实,讲道理,不提高音量、不反唇相讥,表现出良好的道德修养。

(4) 分清场合,入情入理。教师的表情要与谈话对象、内容协调一致。慰问、安抚类谈话,既要深沉、严肃地与学生分担痛苦,又要坚定自信,给人以力量和鼓舞;反映问题类谈话,既要细心听取,全面了解情况,不厌其烦,又要把握政策,以理服人,苦口婆心;工作谈话,既要简单明了,讲求效率,抓住实质,又要态度和蔼,有涵养,不失风度;说明问题、批评类谈话,要先消除对方的畏惧心理,缩小与对方的感情差距,然后提出中肯批评。

教师与学生进行谈话时忌讳:① 谈话中言过其实,故意夸大或缩小。② 对学生拉长语调,放慢语速、压低音量。③ 传播不利于团结或道听途说的事情。④ 批评时事实不清,不分场合。

(四)上下课的礼仪要求

(1) 遵守时间,提前两分钟到教室门口,等待上课铃响进入教室。

(2) 上课时不开手机。

(3) 不提前下课,不拖课,下课时要向学生鞠躬,并说"再见"。

二、课堂上学生应遵循的礼仪

(一)学生着装要求

1. 学生着装原则

(1) "三应"原则。学生着装的"三应"原则是:一是要应己。各个人在性别、体形等方面都有所不同。在着装时,必须首先考虑这一点,尽量使着装为自己扬美、显美、避短藏拙,这就是应己的含义。学生应突出"活泼奔放"的特点,选择色彩鲜艳、富有时代感的服装,保持纯真活泼,不要过于成人化。要与个人条件协调:肤色深则穿较浅色,肤色白可穿深色等。用这种反衬突出形体的优势,遮掩不足。二是要应制。所谓应制是指着装应适当合乎规范,按部就班,遵循其固定的搭配,穿着整洁,符合学校的基本要求,而不宜自行其是,为所欲为。三是要应事。应事就是说着装应依照个体场合不同而加以区分。对于我们来说,一般有节日活动和日常生活之分,着装时不要混淆,不然就会被视为着装不得体。

(2) T.P.O.原则(前面有述)。

2. 学生着装要求

整洁。即整齐清洁的意思。服装是平整洁净,扣子齐全,不能有开线的地方,内外衣都应勤洗勤换,外衣领袖口要保持清洁状态,下摆扎在裤内,内衣不外露。朴素着装指着装不仅要整洁、合体,还要朴素大方,要符合学生身份,不追求名牌。

服装不是一种没有生命的遮羞布。它不仅是布料、花色、样式的组合,更是一种社会工具,它向社会中其他的成员传达出信息,更是在向他人宣布:我是什么个性的人?我是不是有能力?我是否合群?所以,要重视着装礼仪。

（二）学生着装要注意的方面

（1）衣服应穿得朴素大方，简洁明快，宽松合体，衣服上的"零碎"比如纽扣、拉链、飘带、金属饰物等不要多。有条件的，要穿校服上学。

（2）不要围长围巾。不管是教室内上课还是室外体育课，长围巾太多臃肿，都会带来很多不便。

（3）上体育课，应该穿运动服，衣服上不要别胸针、校徽、证章等；上衣、裤子口袋里，不要装钥匙、小刀等坚硬、尖锐锋利的物品；头上不要戴发卡；做垫上运动时，戴眼镜的同学必须摘下眼镜，以防止扎伤。要有安全意识，注意自我保护。

（4）女生平时不要穿高跟鞋，不利于身体发育。上体育课时，最好穿球鞋或胶底布鞋。

（三）学生课堂礼仪

课堂是学生最为重要的学习场所。遵守课堂纪律，保持良好的学习环境，一方面是对老师的尊重，另一方面是为了提高学习效率。课堂上学生要注意以下问题。

（1）上课的铃声一响，学生应端坐在教室里，平息一下课间激动的情绪，取出课本、文具，恭候老师上课。当教师宣布上课时，全班应迅速肃立，向老师问好，待老师答礼后，方可坐下。坐下时动作不要太猛，以免弄得桌椅发出响声。学生应当准时进班上课，若因特殊情况，不得已在教师上课后进入教室，应先得到教师允许后，方可进入教室。归位时，一定要小心谨慎，动作快，脚步轻，以免再次影响他人。回到座位，要立刻拿出书本，认真听讲，不要左顾右盼。如果老师当时没有问迟到的原因，下课后一定要找老师讲明情况并致歉。

（2）在课堂上，要认真听老师讲解，注意力集中，独立思考，重要的内容应做好笔记。当老师提问时，应该先举手，待老师点到你的名字时才可站起来回答；发言时，身体要立正，态度要落落大方，声音要清晰响亮，并且应当使用普通话。

（3）要聚精会神地听讲，不要左顾右盼，交头接耳，不做小动作，更不能跑离座位。别人回答问题时，不要交头接耳。别人回答错了时，不要起哄。

（4）当老师讲课进度快了，导致学生没有听懂，学生要求提示时，可以采用举手发言的形式向老师反映问题。举手经老师同意后，起立发言，不应边举手边说话或坐在位上脱口而出。上课主动发问或要求回答老师提出的提问，应先举手得到老师的允许后，在原位处起立发问或回答提问，态度要严肃认真，姿势、表情要大方，不要故意作出松松垮垮或引人发笑的举止。说话声音要清脆,音量大小适中。点名回答问题时自己没把握,而偏偏被点到名,切不可有抵触情绪。

(5)讨论是学校教学活动中最常见的形式之一。讨论时要注意发言的艺术性,陈述自己的观点,一定要声音洪亮、吐字清晰,让别人听清自己的观点。陈述的观点只是一家之言,切忌气势咄咄逼人,目空一切。表明自己的立场时,要有礼有节。如果别人不同意自己的观点,提出异议,应虚心听取,不可出言不逊。

(6)如果去卫生间,最好在课间。如果课堂上实在忍不住了。没有必要让整个教室的人听你跟老师打"报告",你只要安静地走开就好了。

(7)如果上课累得哈欠连天甚至打起了瞌睡,不如索性回宿舍休息,不然会影响老师的教学情绪。趴在桌上或坐在座位上打盹,也是对老师的劳动不尊重的表现。

(8)课堂不是剧场后台,尽管大部分课堂对仪容仪表没有太多的要求,但依然以清纯自然、简单、大方、得体为准则,过于暴露的衣服最好留在其他时间穿着,不然上课的时候"走光"可是让人难堪的事情。衣着的主要色调最好不要超过三种颜色,否则看起来会像个花里胡哨的卡通玩偶。化妆不要过于浓艳,如果老师上课面对几十张浓妆艳抹的脸,会以为错入了剧场后台。女学生绝对不能在课堂上照镜子、梳头,甚至补妆。

(9)在课堂上学生要衣着整洁,姿势端正。夏天不能赤脚或穿拖鞋,不能穿无袖背心,也不能敞胸露怀。听讲时不能扇扇子。冬天课堂上不应穿大衣,戴帽子,戴手套或口罩,围围巾。不能听录音机、MP3。

(10)废弃物应随身带离,上课不要吃食物,不要咀嚼口香糖,自己觉得挺帅气,可是老师看起来会觉得不舒服。另外,下课后把需丢弃的物品随身带离。

(11)听到下课铃响时,若老师还未宣布下课,学生应当安心听讲,不要忙着收拾书本,或把桌子弄得乒乓作响,这是对老师的不尊重。下课时,全体同学仍需起立,与老师互道"再见",待老师离开教室后,学生方可离开。

(四)手机问题

随着生活水平的提高,手机已经成为再平常不过的通讯工具。这种普及性不仅体现在成年人中,还在学生群体中不断蔓延。手机在给我们提供方便的同时也引发了一些不容忽视的问题,许多学生把手机当成了即时玩具,上课发短信、玩游戏、上网……手机污染已经成为课堂上不协调的景象。

课堂上,经常会出现这样的镜头:老师在讲台上绘声绘色地讲课,同学们在座位上正襟危坐,神色庄重,仿佛在专心听讲,而双手却在课桌下不停地摆弄着,时而用眼睛偷偷扫两眼。这种上课玩手机的现象不在少数。

学生本身好奇心强,自控力差,所以拿个手机极容易分散听课的注意力。痴迷于课堂发送短信息,上课时手机铃声响,这些不仅会严重影响自己的听课质量,也会影响其他学生听课,降低老师讲课的情绪。同学们在上课时,如果授课老师的手机响了,大家都会很反感。作为一个学生,杜绝课上用手机发短信或玩游戏不仅是学生与老师之间的相互尊重,更是人与人之间最起码的礼节。所以关手机是课堂上的基本礼仪,如果你实在"日理万机",也请你把手机调成震动。课后再回电话给对方,无论如何请不要在课上接听电话。即使你的手机铃声再好听,再个性化,再值得炫耀,也一定不要让它突然在课堂上响起。

作为一名学生应该懂得自律,上课时间应自觉关闭手机。

(五)请假的礼仪

学生在学校学习期间有时会因为家里、个人身体、其他事务等原因而不能按时到校学习,不能参加学校组织的活动,这时就需要请假。有事请假是有组织、守纪律的表现,也是对老师的尊重,同时也体现了学生个人的素质。请假的方法有两种:一是写出书面的请假条;二是利用现代通讯工具进行,但事后还要补上请假条。有事请假的礼节要求有:

(1)必须个人亲自向老师说明,特殊原因可让同学或家长代替。

(2)请假务必在事前,不能事后再进行补假。

(3)写假条或打电话都要注意用词用语的文明礼貌。

第四节 校园公共场所的礼仪

一、餐厅、宿舍礼仪

(一)餐厅礼仪

进入餐厅,要有秩序地排队购买饭菜。不要当着食堂工作人员的面,抱怨饭菜不好。

如果有必要的话,可以婉转的语气提出建议。

坐在座位上的时候,两脚自然并拢,双腿自然平放,坐姿自然,背直立。

吃东西或喝汤时要小口吞咽,闭嘴咀嚼,尽量不发出响声。骨、刺以及无法吃的东西,不要随地乱吐,可以放到餐具里或吐到自己准备的其他盛具里。

食堂里不可以大声喧哗。和师长、同学以及熟悉的人在一起吃饭,先吃完的时候要会说"大家慢慢吃"。

应该爱惜食物,不要随便剩饭、剩菜。如果有无法吃的饭、菜,要倒进指定的泔水桶里,不要往洗碗池、洗手池里倒。

(二)宿舍礼仪

宿舍是学生共同生活的场所,这里生活得怎样,不仅直接影响同学之间的人际关系以及学习状况,也是反映学生精神文明和礼仪修养的一个窗口,一定要格外重视。

1. 宿舍内的卫生

保持宿舍内外整洁,经常打扫寝室,包括地面、桌椅、橱柜和门窗等。

被褥要折叠得整齐美观,并统一放在一定位置上,蚊帐钩挂好,床单不许露出床边,床上不许放置其他物品,床上用品要保持干净、整洁。换下的脏衣服、脏鞋袜等必须及时洗干净,以免时间长了影响宿舍里的空气质量。

衣服、水杯、饭盒、热水瓶等,要统一整齐地放在规定的地方。自己重要的书、衣服、用品等,不要乱丢乱放,要放在自己的橱柜内。

宿舍内外不应该乱写乱画,乱倒水,要保持干净。严禁向楼下倒水。

严禁私安、私接电源和使用超功率灯泡、电烙铁,以及用电炉、电热水器。任何时候都严禁在寝室炒菜做饭。

2. 在宿舍里串门、接待亲友或外人来访

应在有同学相邀,或在得到该室其他同学允许时,才可以串门。进门后,应主动向其他同学打招呼,并且只能坐在邀你的同学的铺位上,不能随处乱坐。不能乱用别人物品,不能乱翻动别人的东西。讲话声要轻,时间要短,不能坐得太久,以免影响其他同学的正常作息。

到异性同学的宿舍去,除注意上述要求外,还要注意,进门前要打招呼,在得到该室同学允许后方可进去。要选择好时间,不要选择在多数同学要处理生活问题的时候,更不要

熄灯后过去。而且谈吐要文雅,逗留时间要短暂。

接待亲友或外人来访时,在进入前自己应先向在室内的同学打招呼。进室后,自己应主动为同学作介绍,如果是异性亲友或外人来访,自己更要先打招呼,说明情况,要在同室人有所准备之后,再进。同室同学也要礼貌待人,这样既尊重了来人,也尊重了同学。

不要随便留人住宿,更不要留不明底细的人住宿。

3. 要相互关心又不要干预别人私事

关心同学也应有个限度,如果过分热心于别人的私事,可能会侵犯他人的个人权利。假如有意或无意地干预别人的私事,可能会造成难堪的后果。正确的做法是:

集体宿舍人多,信件也多,不可以私拆、私藏别人的信。有的学生没养成随时收捡东西的习惯,连日记本也随便丢在枕边或课桌上,甚至翻开放在那里。即使碰到这种情况,别的同学也不应以任何借口去私自翻阅。

不可以打探同学的隐私。有的学生对自己的某种情况,或家中的某件事,不愿告诉别人,也不愿细谈。这属于个人隐私,他有权保密,应受到尊重。在集体生活中,每位同学都要尊重别人的隐私权、人格,凡是别人不愿谈的事,不要去打听。

当同学有亲友来访,谈一些私事时,其他同学要适当回避。决不要在一旁暗听,更不要插嘴、询问。

有某同学离校去处理个人私事,也没必要去打听、追根寻源,只要知道某同学向班主任或学校请了假就行了。

严禁吸烟、酗酒、赌博。作为学生必须严格做到。

二、图书馆、阅览室礼仪

图书馆、阅览室是公共学习汲取科学文化知识的场所,在这里讲究礼貌公德,更能体现出一个人的文化知识素养。所以要特别注意礼仪规范。

(1) 出入图书馆要衣着整洁,不要穿拖鞋背心进入。

(2) 借书时要按先后次序排队,不要争先恐后,更不要后来居上。

(3) 就座时,移动椅子要不出声,不要为朋友、同学占座。也不要抢占别人暂时离开的座位,更不要在室内座位休息和睡觉。

(4) 要保持室内安静,走路脚步要轻,避免将凳子弄出声响,阅读时不出声,也不要和熟人高声谈笑,力争少说话,更不能大声喧哗。

(5) 注意保持室内卫生,不吃零食,不扔废纸。

(6) 查阅图书目录卡片时,不要把卡片翻、撕坏,也不能在卡片上涂画。阅览时不要往书本上画线,不要折角,更不能撕页。看书以前最好能洗一洗手,以保持书的整洁。

(7) 要爱惜图书和公物,桌椅上不乱刻乱画;图书要轻拿、轻翻、轻放。不能因自己需要某种资料而损坏图书,私自剪裁图书是极不道德的行为。遇到有价值的资料,应与管理人员联系,复印或照相,决不可为了个人的利益,撕毁或私自占有图书资料。

(8) 对开架图书应逐册取阅,不要同时占有多份。阅后立即放回原处,以免影响他人阅读。借书应按期归还,"热门书"应速看速还。当借到一本急需的书时,更要抓紧时间看,心中应有"还有好多人也想看这本书"的观念,多为别人着想。

(9) 关闭手机。

(10) 离开时要将书放回原处。

三、实验室、实训室礼仪

实验室、实训室有很多可以动手操作的实验设备,甚至是精密仪器,稍不留心,就会对其损坏,所以更要注意礼仪规范。

(1) 穿好鞋套,进入机房,听从任课教师及管理人员的安排,对号入座,不能迟到早退,不能争先恐后,不能擅自调换位置。不要随意走动,要保持安静,不能喧哗,以免影响他人学习。

(2) 不能在实训机房玩游戏、上 QQ 聊天、听音乐、看电影和登陆不健康网站。不能擅自携带软盘、光盘上机。确因学习需要的,要经指导教师或实验室、实训室管理人员批准,方可使用。

(3) 注意保持实验室、实训室的环境卫生,不能携带易燃、易爆、易碎、易污染和强磁性物品进入实训室;不能带食物和饮料进实训室;不要随地吐痰和乱扔杂物。

(4) 做好机器设备的使用记录,发生故障时应及时、如实、详细地向任课教师或管理人员报告。

(5) 爱护实验室、实训室的一切设施,不能拔换实验室、实训室机器配件。不能更改机器设置,不能有破坏电脑设备的行为,不能随意删除文件或是拷贝并散播病毒文件;不能在设备和课桌上乱涂乱画。

(6)下课前应按正确操作程序关闭电源,清理好桌面物品,保证实验室、实训室的整洁,将桌椅板凳摆放整齐。负责卫生值日的同学要将黑板擦干净,并对本班使用的实训室的卫生状况进行检查和整改,其卫生状况经实训室管理人员检查合格后才能离开。

四、集体活动礼仪

(一)升旗仪式的礼仪

根据《国旗法》,国旗是神圣而庄严的。升国旗应该在一种严肃、庄重的气氛和场合中进行。

(1)举行升旗仪式时,全体师生集合在大操场上,应队列整齐,面向国旗,肃立致敬。

(2)仪表要规范,仪态要庄重,穿着要干净,脱帽肃立。

(3)要保持安静,切忌喧哗、走动、打闹、东张西望、心不在焉。

(4)迟到时,恰逢升旗奏国歌要立即停止走路,严肃立正,等待升旗仪式完毕后,方可继续行走。

(5)唱国歌要有激情,曲调准确,声音洪亮。

(6)升旗仪式结束,主持人宣布解散时方可走动。

(二)运动会礼仪

运动会是学校重要的活动之一。在运动会上无论观众还是运动员都要遵守纪律,注意礼仪。运动会的程序一般是:

(1)开幕式。开幕式象征着运动会的开始,无论观众、运动员都要按时进退场,不随意中途离席,并要听从大会指挥,严肃认真,使开幕式气氛隆重热烈。

(2)观看比赛。作为观众,不要过分大声喧嚷,或施以嘘声讪笑、粗言辱骂之失礼行为,要适时、适度鼓掌,不起哄,不喝倒彩,不吃零食,要当文明观众。勿随意投掷空罐、纸屑、果皮、垃圾至比赛场地,影响比赛。也不要在观众台看书报,对比赛漠不关心。

(3)友谊第一。运动员要保持良好竞赛的精神状态,不要过分计较得失,要尊重裁判员的判决,不与裁判员直接发生争吵,正确对待输赢。观众要鼓舞选手志气,不偏袒己方,敌视对手,应以公平、公正、热情的态度观看。

(4)闭幕式。主持宣布闭幕,运动员及观看比赛者应按序退场,不能"一窝蜂",这样既不文明,也不安全,容易发生挤、绊、踏、压事故。

（三）班会礼仪

班会是班级工作总结布置、学习习惯养成、学习气氛营造、学习方法指导、自我约束、自我管理等教育活动的主要阵地与重要手段之一。

1. 班会的组织

(1) 准备阶段。班干部要带领学生一起设立主题,确定目标,制定计划,以让全班同学认识活动的目的、意义,在思想上引发学生思考,产生参与其中的积极性。

(2) 展示阶段。学生可以自我体验、自我强化。在活动中展示素质、接受教育、得到启示,形式可以多样化(可以用现场说法,作报告,即兴演讲,采访,小品,相声,歌舞等文艺形式,还可以用辩论的形式)。

(3) 反馈阶段。学生进行自我监督,自我评价。即在活动结束后提示学生自我检查,分析存在的问题,不断地改进自己的学习、生活、心理素质。

2. 开好班会要注意的问题

(1) 主题不要太大,要贴近学生生活,同时注意其可操作性。

(2) 主题要具有针对性,一会一事,一点一题,不要太杂。

(3) 程序的紧凑性与连贯性,环节一个接一个,高潮穿插开来,要有起伏。

(4) 形式应当新颖,内容应有趣味,要让大家喜闻乐见,提高大家参与的积极性。

(5) 要注意效果的反馈,不能一开了之。班主任可以在结束时用简短的几句话概括,使学生的认识升华,内化为自身认识。

(6) 班会内容和形式要结合本班学生的年龄和身心特点。

3. 班会礼仪

(1) 要积极参与配合。班会不是少数班干部的事,同学们都应积极、热情地参与。

(2) 踊跃发言,展示自我,对于不同的意见不能讽刺挖苦,要静听、多思。

(3) 班主任不能缺席,要亲临现场。

（四）领奖发言礼仪

1. 上台领奖礼仪

在一些集会上,常有表彰先进的颁奖仪式。同学们上台领奖、接受奖品也有一定的礼仪要求。

（1）在听到宣布自己获奖时,要简单快速地整理一下自己的着装。看看衣服是否整洁,头发是否梳理好等,然后步子轻快,大大方方地走向主席台。登台后要先向台下的老师、同学致意、鞠躬或行队礼。

（2）走到授奖人面前,先要行鞠躬礼,然后双手接过奖状或奖品,并再次向授奖人敬礼,表示敬意。接过奖状、奖品后,还要转身向台下的老师、同学有礼貌地展示奖品、奖状,以表示共同分享得到的荣誉和喜悦。

（3）举行颁奖仪式时,台下的观众不要随意走动,应热烈鼓掌表示祝贺。

2. 发言礼仪

发言人要衣着整洁,走上主席台步态自然,刚劲有力,体现出一种成竹在胸、自信自强的风度和气质。

要向大家问好或鞠躬。

发言时口齿清晰,掌握好语速、音量,发言内容简明扼要。如果是书面发言,要时常抬头扫视一下会场,不能只顾低头读稿,旁若无人。仪态要自然,动作文雅大方。

发言完成应向全体与会者表示感谢。

自由发言时注意,发言要讲究顺序,不能争抢发言。发言时应先自我介绍。发言应简短,观点要明确,有不同意见要以理服人,态度平和,听从主持人安排。

如对发言人提问,发言人应礼貌作答,对不能回答的问题,应机智而礼貌地说明理由,对提问人的批评和意见应认真听取,即使提问者的批评是错误的,也不应失态。

（五）课外礼仪

学生和教师相遇,通常应由学生主动先向教师招呼,道声"老师早"或"老师好"。教师应面带微笑回答"早"或"好"。

学生要主动向老师行礼问好;在车、船、码头遇见老师,即使客人多,人拥挤,学生也应让老师先上车、船。

学生不能谈恋爱。在校园里必须注意自己的身份和形象,绝不可以和异性表现得太亲热。绝不能说这是个人私事,别人无权干涉。否则,不仅和学生的身份不符,还有违学生行为规范,有伤校园纯净、质朴的风气。

在进出门口、上下楼梯时和老师相遇,学生应主动招呼,请老师先行。不能见到老师便躲。

 思考与练习

1. 在老师指导下进行站姿、坐姿、走姿训练。
2. 自我总结有哪些习惯性不正确的姿势并加以纠正。
3. 如何尊重老师？对照自我还有哪些方面做得不够？
4. 同学之间该如何相处？
5. 教师在课堂上应遵守哪些礼仪？
6. 学生在课堂上应遵守哪些礼仪？
7. 你怎样看待学生使用手机问题？
8. 在食堂就餐时应注意哪些礼仪？
9. 在图书馆阅览室应注意哪些礼仪？

第二章 家庭礼仪

学习目的

通过学习使学生感受家庭亲情的温情,学会如何尊敬长辈,关心他人,掌握来往迎送接待的礼仪规范,学会营造和谐家庭、和谐邻里、和谐社会。

第一节 家庭成员间的礼仪

一、称谓

称谓是人们在交往过程中对双方身份的肯定。不同的称呼,表现着双方关系的密切程度和对对方的态度。称谓虽短,却对于处理人际关系有着不可忽视的重要作用。

(一)主要亲属关系称谓

父亲,俗称爹、爸爸,少数亦称"大"、"大大";母亲,俗称娘、妈妈。

父亲的父、母,称祖父、祖母,俗称爷爷、奶奶;自称孙子、孙女。父亲的祖父、祖母,称曾祖父、曾祖母,俗称老爷爷、老奶奶;自称曾孙、曾孙女。

父亲的兄、嫂、弟、弟媳,分别称伯父、伯母、叔父、叔母,俗称大爷、大娘、叔叔、婶婶(婶子);自称侄、侄女。

父亲的姐、姐夫、妹、妹夫,称姑母、姑父,姑母也称姑姑、姑妈;自称侄、侄女。

父亲弟兄(即叔叔、伯伯)的子女,称叔伯兄弟、叔伯姐妹,但当面称多为哥、姐、弟、妹。

父亲姐妹(即姑母)的儿女,称姑表兄妹,但当面称呼时则多不带表字,而自称为老表。

母亲的父、母,称外祖父、外祖母,俗称姥爷,姥娘;自称外孙、外孙女。母亲的祖父、祖母,称外曾祖父、外曾祖母,俗称老姥爷、老姥娘;自称曾外孙、曾外孙女。

母亲的兄、嫂、弟、弟媳,称舅舅、舅妈(或称妗子);自称外甥、外甥女。

母亲的姐、姐夫、妹、妹夫,称姨母、姨父,俗称大姨、大姨父、小姨、小姨父;自称外甥、外甥女。

母亲姐妹(即姨母)的儿女,称姨表兄妹,当面称呼时则多不带表字;自称则呼为老表。

丈夫的父母,称公公、婆婆,主要用于向别人介绍,而直接称呼公婆时,一般与丈夫称呼相同。也有用自己儿女的口吻称公、婆为他(她)爷爷、奶奶的;自称儿媳妇。

丈夫,俗称老头子、俺那口子、孩子他(她)爹、爸,现多直呼其名。

丈夫的兄、弟,称大伯子、小叔子,当面称哥、弟;弟兄的妻子称妯娌。

妻子的父、母,称岳父、岳母,俗称老丈人、丈母娘,而直接称呼时,一般与妻子称呼相同;自称女婿。

妻子,俗称家里人、老婆子、孩子他娘(妈),现多直呼其名。

妻子的兄、弟、姐、妹,俗称大舅子、小舅子、大姨子、小姨子,见面称哥、弟、姐、妹;其姐、妹的丈夫,俗称两乔、连襟,见面时称姐夫、妹夫,或哥、弟。

儿女亲家之间,互相尊称为大哥、大嫂、兄弟、弟妹。

父、母再婚后,子女称其再婚另一方为继父、继母,一般直称爹、娘,或爸、妈,忌直称后爹、后娘。

义子、义女称义父、义母为干爹、干娘,当面直称爹、娘,自称儿子、女儿。

我国还有结拜干姊妹、仁兄弟的旧俗,结拜后互称对方父母大爷、大娘,有的则直呼爹、娘。

（二）家庭礼仪的基本特点

家庭礼仪的基本特点主要表现在以血缘关系为基础、以感情联络为目的、以相互关心为原则、以社会效益为标准四个方面。

(1) 以血缘关系为基础。家庭礼仪主要体现在家庭成员之间，而家庭成员之间的关系是人类社会中最为普遍的关系，以血缘关系、感情关系为核心。因此，在家庭礼仪的形成、建立和运用过程中，必须从血缘关系这一基本点出发。

(2) 以感情联络为目的。家庭礼仪的主要职能并非以个人形象的塑造为侧重点，而是通过种种习惯形成的礼节、仪式来进一步沟通感情。俗话说的"亲戚亲戚，不走不亲"，就是强调亲友间的感情有了血缘关系的基础，还得需要通过一定的礼仪手段来维持、强化和巩固。婚嫁喜庆、乔迁新居、寿诞生日等种种快乐，通过礼仪的传播，可以使更多的人体会和享受，这一传播过程的最终目的就是加强感情联系。

(3) 以相互关心为原则。之所以说"母爱是最伟大、最神圣的爱"是因为母爱的主要内涵是无私的奉献、无微不至的关怀。要衡量一件事或某一行为是否符合家庭礼仪要求，只要分析一下双方之间是否存在相互关心的成分，真诚的祝福、耐心的劝导、热情的帮助本身就是合乎礼仪的。

(4) 以社会效益为标准。不同的时代环境、不同的区域、风俗，礼仪存在着很大的差异性，家庭礼仪也一样。因为受多种因素的影响，家庭活动中的许多礼节、仪式始终也是变化发展的，如封建社会的婚礼有拜堂入洞房等繁文缛节，而当今出现了许多集体婚礼、旅游结婚等新的婚礼程序。但有一点却是可以肯定的，那就是要评判某一种家庭礼节、仪式是否是进步的、合乎礼仪规范的，主要看它是否能产生很好的社会效益这一标准。

二、父慈子孝　和谐相处

一个健康文明的家庭有合理的、长幼有别的家庭关系，家庭成员之间民主平等，父母要尊重孩子的独立人格。同时，家庭又是一个和谐的整体。父母是家庭生活的供养者，而且他们有丰富的生活经验，自然应当成为家庭的核心和主事人。父母得到尊重，孩子在父母的指导帮助下生活、学习。

1. 子女孝顺父母

中国有句古语:"百善孝为先。"人世间一切的爱都需要从爱父母开始。一个人如果都不知道孝敬父母,就很难想像他会热爱国家,尊重他人。世界首富比尔·盖茨在接受记者采访时说:"天下最不能等待的事情莫过于孝敬父母!"本来大家都以为他会把"商机"看得最重,可是他却语出惊人,发人深省。从生命诞生的那一刻起,父母就开始倾注自己毕生的心血浇灌这颗生命之树,我们的成长凝结着父母的心血,他们可以为了子女付出一切,也甘愿付出一切。一个人如果对赋予自己生命和辛勤哺育自己长大的恩重如山的父母都不知报答,不知孝敬,那他就丧失了人生来就该有的良心,那是没有道德可言的。

孝敬父母,首先要听从父母教导,关心父母健康,了解父母为自己和家庭所付出的辛苦,分担父母忧虑,要从生活中的点滴小事做起,参与家务劳动,不给父母添乱。孩子每天要问候下班回家的父母亲;当父母劳累时,孩子应主动帮助父母做事,请父母休息一下;当父母外出时,孩子应提醒父母是否遗忘东西或注意天气变化;当父母有病时,孩子应主动照顾,多说宽慰话,替他们接待客人等。孩子应承担必须完成的家务劳动,要了解父母养育自己的不易和培养自己的良苦用心,不仅在物质上表现出对父母的关心,还要关注父母精神上的享受和满足。

父母和子女所处的时代不同,思想观念和文化水平当然会有所不同,看待事情的角度自然也就不一样,要经常和他们沟通,既能理解他们成长年代所形成的价值观和习惯,又能给父母带来新时代的气息,相互影响,取长补短。

2. 父母爱孩子

父母对孩子的教育是其爱孩子的主要表现。首先家长要当好孩子的第一任老师,家长自身言行对孩子潜移默化的教育作用非常重要,父母自身能够尊老爱幼,自然能培养起一个家庭和谐温暖的氛围。父母自己能够尊重、体贴老人,自然在孩子心目中确定了一个标准。要把家中的"特殊"地位让给老人,让孩子知道自己在家中与其他成员是平等的。父母还要引导孩子认识体验到关心、帮助别人也是一种享受。

父母对孩子的爱应该是一种理性的爱。要善于设身处地地考虑孩子的实际情况,照顾孩子的兴趣爱好和实际能力,给孩子应有的尊严,尊重孩子的意愿,帮助孩子选择适合他(她)们自己的人生道路,树立正确的人生观和社会责任,而不是盲目要求孩子按照自己预先设计的轨道成长。涉及孩子利益的事情,家长要征求孩子的意见,当家庭内部出现争执的时候采用民主的办法来解决问题,而不能用简单粗暴的办法,以"都是为了你好"的名义来代替孩子做出决定。父母爱孩子要树立孩子的自信,培养孩子的求知欲和创造力、健康的心理、美好的品格和良好的习惯,给他们一个自由探索和选择的空间,把孩子培养成敢于迎接困难和挫折的挑战者。

3. 兄弟姐妹之间的礼仪

在处理兄弟姐妹之间关系时,最重要的是要注意加强团结、彼此爱护、相互尊重三大问题。

宽厚谦让,所谓宽厚,一要待人宽容,二要待人厚道。不要听不得逆耳之言,见不得逆己之事,更不要听别人的是非之言。既然是兄弟姐妹,所以即使有负自己的地方,也要对其宽大为怀。和兄弟姐妹之间,没有必要搞什么竞争攀比,更不能相互争风吃醋、挑拨离间。

和兄弟姐妹打交道,必然也会涉及物质利益问题。在涉及兄弟姐妹之间的财、物问题时,要做适当谦让,相互体谅,促进兄弟姐妹之间的团结,对上无愧于长辈,对下无愧于晚辈。

兄弟姐妹之间要彼此爱护,互相帮助。兄弟姐妹本是同根生,相互之间的爱护,应该是无条件的、不图回报的,不仅仅是物质利益上的支援方面,**还包括**精神情感的沟通方面。兄弟姐妹是同代人,生活、职业可能领域不同,因而可能有来自不同方面的见解、经验,所以经常沟通相互之间可能会有更多的启发,更应该相互帮助。对出于爱护目的的批评、指责,也要勇于接受。

有人认为,既然兄弟姐妹之间用不着那么生疏,想说什么就说什么。所谓"言者无意,听者有心",经常就是看来没什么的话,严重伤害了别人的自尊心,从而为亲情关系上留下不好的烙印。所以兄弟姐妹说话的时候,哪怕是分内的、教育的话,也要讲究一个方式、方法,以适当的方式婉转表达,来体现对对方起码的尊重。

三、就餐礼仪

(一)家庭宴会礼仪

为家庭成员庆贺生日寿诞,举行结婚典礼,家庭亲朋好友节假日团聚,为参加工作或即将远行的人饯行,为远途归来的人洗尘,在家里招待久别重逢的朋友,与老同学、老同事聚会畅谈等,大都采取家庭请客的形式。

1. 祝酒礼仪

在饮第一杯酒前,主人应致祝酒词。祝酒词要围绕聚会的中心话题,语言应简短、精炼、亲切,有一定内涵,能为宴会的进行创造良好气氛。碰杯时,主人和主宾先碰,然后再与其他客人一一碰杯。如果人数较多,则可以同时举杯示意,不一定碰杯。祝酒时注意别交叉碰杯。对宾客劝酒要诚恳热情,但不可强行斟酒。更要避免喝酒过量。

2. 用餐礼仪

上菜的顺序是:先摆冷盘以佐酒,让客人慢慢饮酒叙谈。然后上热炒、大菜(整荤、整鱼等),最后上点心和汤(南方习惯是先上汤)。上整鸡、整鸭或整鱼时,不能把鸡头鸭尾、鱼尾朝向主宾,而要将肥而多肉的部位献给客人,以示尊重。

第一道菜上来,主人应先请主宾或长者品尝。当客人相互谦让,不肯下筷时,主人可站起来用公筷、公勺为客人分菜。分菜时,一要注意首先分给主宾或长者,然后依照顺时针方向依次分下去;二要注意分菜的量,尽量差不了多少,避免有多有少,有好有差。当客人对某道菜表示婉谢时,应给予谅解,不要强人所难。

每当一道菜端上桌时,主人可以简单介绍一下这道菜的特点。如果客人对某道菜表示特别的兴趣时,主人还可以简单介绍一下这道菜的烹饪方法。在介绍的同时,应热情招呼客人动筷。

家宴进行中,主人应该时时注意与客人之间有简短的交谈和应酬。上一道菜,还要招呼大家下筷品尝。吃海鲜或鸡这类菜肴时,可示意让大家用手撕开吃。

举办家宴可先准备一些香巾,就是用手绢,浸入水盆之中,在水里滴上几滴香水,再将手绢轻轻挤掉水分,对折两次,摆放在托盘中。还要准备一些餐巾纸,吃海鲜等用手取食后,主人递上餐巾纸和香巾让宾客擦手。

女主人应当是家宴中真正的主人,在宴会中始终扮演着最重要的角色,偶有迟到的客人,由女主人从座位上站起来迎接、招呼。天气炎热时,女主人可示意请客人宽衣。宴会中,如有人不慎发生异常情况,如餐具掉落在地或打翻酒水,女主人要沉着应付,一方面迅速收拾,另一方面要送上干净的餐具酒杯。

(二)家中就餐礼仪

1. 用餐前

(1)在家庭用餐之前,不应坐在餐桌前等父母把饭菜端上来,而是要在用餐之前,主动地帮助家长做好饭前的一些准备工作。

(2) 吃饭前要洗手。如果刚刚外出归来或刚运动完毕,应该先洗洗手和脸再上餐桌。否则,满头大汗,满脸尘土就用餐,不但自己不舒服,还会影响别人的食欲。

(3) 帮助家长摆好用餐时的桌凳,并用干净的抹布擦拭饭桌,摆好碗筷,做好就餐前的准备工作。

(4) 帮助家长盛饭端菜。吃饭前,自己不应坐在一边让家长盛饭端菜,而要主动地帮助家长做准备工作。盛饭时,不要盛得过满;端饭或端菜时,用大拇指扣住碗或盘口的边沿。食指、中指、无名指托住碗或盘的底儿,手心空着。并注意,大拇指要向上翘起,不要让大拇指沾到饭菜上,不然很不卫生。

(5) 端着饭菜,要走得慢一些,稳一点,不要让饭菜洒出来。

(6) 饭、菜先端给谁,摆在桌子的什么位置,要注意自上而下。端饭,要先端给爷爷、奶奶,再端给爸爸、妈妈,最后端给自己。如果有客人共同进餐,要先端给客人,再按照家人辈分的大小依次端上。端菜,要先把好吃的菜,合长辈口味的菜,摆放在靠近长辈的桌前。即使是自己最喜欢吃的菜,也不能因为自己爱吃,就摆放在自己桌前。有时,长辈出于疼爱,将你爱吃的菜让给你,摆放在你的面前,也应礼让。

2. 入座

家庭用餐的入座,虽然不像参加宴会或到他人家做客那样讲究,但也应注意一定的礼节。

(1) 先请长辈入座。一般上座应该让爷爷、奶奶,或爸爸、妈妈来坐,自己坐下首(对着爷爷奶奶或爸爸、妈妈的位置)。如果爷爷、奶奶年老体弱,行动不便,应搀扶着他们入座。

(2) 入座后,坐姿要端正,两小臂靠近桌边上,胳膊肘不要横托在桌上,双手在桌上,一手持筷子,一手扶着饭碗;不要一手在桌上,一手在桌下;两腿靠拢,双脚平放,不要一条腿搭在另一条腿上,两腿交叠,更不要坐在那里踮脚晃身。

(3) 如果有客人共同进餐,座次会有变动,一般是请客人坐上座。如果这时饭桌上坐不开了,自己应主动地坐在另外的桌子上或小桌上,让出座位。千万不要争饭桌,不然有失礼节。

3. 使用筷子

(1) 持筷子的方式。右手持筷子,持筷子的中上端处为宜,要用大拇指、食指轻轻捏住筷子,中指稍稍托住上面一根筷子,无名指托住下面的一根筷子。

(2) 夹菜时,先将筷子的小头冲下,在桌面上并齐,然后以大拇指和食指捏动筷子,无名指托住下一根筷子夹菜。

(3) 在饭桌上摆放筷子,要把筷子一双双理顺,大头冲桌外,小头冲桌里,然后轻轻地放在每个人的餐桌前。不要一横一竖交叉摆放,不要一根是大头,一根是小头。筷子要摆放在碗的旁边,不能搁在碗上。

(4) 等待用餐时,不能饭菜还未摆好上齐,就先拿起筷子准备夹菜,眼睛盯着饭菜,显出一副迫不及待的样子;更不能坐在饭桌边,一手拿着一根筷子随意敲打,或用筷子敲打碗、碟。

(5) 夹菜时,不能用筷子在菜盘里挥来挥去,把菜肴上下乱翻,或用筷子搅菜。也不要将筷子含在口中,更不能用筷子剔牙,当牙签使用。筷子上沾有饭粒或菜叶,应吃干净,不能用带有饭粒或菜叶的筷子夹菜;夹起菜时,不要让菜汤滴下来;遇到别人也来夹菜,要注意避让,谨防"筷子打架"。在吃饭中途需暂时离开时,要将筷子轻轻搁放在桌子上的碟、碗边,不能插在饭碗里,或放在碗上。

(6) 家庭用餐,一般不要过多地谈话,有的家庭规定吃饭时不说话,是一个好的习惯。但是,的确需要说话时,不要把筷子当做道具,在餐桌上乱舞,也不要用筷子指向他人;在请别人用菜时,不要把筷子戳到别人面前。

(7) 不小心将筷子掉在地下,应立即换一双或洗一洗,不能用手或抹布一擦就继续使用。这样既不卫生,也不雅观。

4. 使用调羹

调羹也是常用的餐具,它跟使用筷子一样,也有一定的讲究。

(1) 手持调羹的方式。手持调羹的柄端,食指在上,按住调羹的柄,拇指和中指在下支撑。有的同学持调羹的方式是拇指在上,按住调羹的柄,食指和中指在下支撑,这是不正确的。

(2) 使用调羹主要是喝汤,有时也可以用调羹盛装滑溜的食物。尤其是在喝汤时,要注意以下几点:① 使用时,不要将调羹碰碗、盘发出声响,也不可使汤滴在碗、盘的外面。② 喝汤时不能发出响声。有的同学对此不太注意,嘴里发出咕噜咕噜的声音,这是十分粗俗的。③ 不要以口对着热汤吹气。有时端上桌的汤很烫,这时,应先少舀些汤尝一尝。如果太烫,可将汤倒入碗里用调羹慢慢地舀一舀,等汤稍许降温时,再一口一口地喝。当汤碗里的汤将喝尽时,应用左手端碗,将汤碗稍微侧转,再以手持调羹舀汤。不要将汤碗端起来，一饮而尽，这样做不符合餐桌礼仪的要求。

5. 开始用餐

开始用餐，要讲究文明礼貌，要注意自己的"吃相"。养成良好的用餐习惯。一般应注意以下几点：

(1) 让长辈先动碗筷用餐，不能抢在长辈的前面。

(2) 吃饭时，要端起碗，大拇指扣住碗口，食指、中指、无名指扣碗底，手心空着。不端碗伏在桌子上对着碗吃饭，不但吃相不雅，而且压迫胃部，影响消化。

(3) 夹菜时，应从盘子靠近或面对自己的盘边夹起，不要从盘子中间或靠别人的一边夹起，眼睛也不要老盯着菜盘子，一次夹菜也不宜太多。遇到自己爱吃的菜，不可如风卷残云一般地猛吃一气，更不能干脆把盘子端到自己跟前，大吃特吃，要顾及同桌的其他人。

(4) 要闭嘴咀嚼，细嚼慢咽，这不仅有利于消化，也是餐桌上的礼仪要求。决不能张开大嘴，大块往嘴里塞，狼吞虎咽的，更不能在夹起饭菜时，伸长脖子，张开大嘴，伸着舌头用嘴去接菜；一次不要放入太多的食物进口，不然会给人留下一副馋相和粗俗不雅的印象。

(5) 用餐的动作要文雅一些。夹菜时，不要碰到邻座，不要把盘里的菜拨到桌子上，不要把汤泼翻，不要将菜汤滴到桌子上。掉到桌子上的菜肴不要再吃。嘴角沾有饭粒，要用餐纸或餐巾轻轻抹去，不要用舌头去舔。咀嚼饭菜，嘴里不要发出"叭叭"、"呱唧呱唧"的声音。口含食物，最好不要与别人交谈，开玩笑要有节制，以免口中食物喷出来，或者呛入气管，造成危险。确实需要与家人谈话时，应轻声细语。

(6) 吐出的骨头、鱼刺、菜渣，要用筷子或手取接出来，放在自己面前的桌子上，不能直接吐到桌面上或地面上。如果要咳嗽，打喷嚏，要用手或手帕捂住嘴，并把头向后方转。吃饭嚼到沙粒或嗓子里有痰时，要离开餐桌去吐掉。

(7) 在吃饭过程中，要尽量自己添饭，并能主动给长辈添饭、夹菜。遇到长辈给自己添饭、夹菜时，要道谢。

(8) 吃饭时要精神集中，最好不在吃饭时看电视或看书报，这是不良的习惯，既不卫生，又影响食物的消化吸收，还会损伤视力。

(9) 与(表)兄弟姐妹在一起用餐时，要相互礼让。不要在吃饭时打打闹闹或边吃边玩。

6. 用餐之后

(1) 吃完饭，不应推开饭碗，就离桌而去，应礼貌离座，并帮助家长做些力所能及的工作。

(2) 用餐完后,要轻轻放下碗筷,用餐纸或餐巾擦嘴。如果自己先吃完,要与父母或其他长辈打个招呼,再离开座位。如说"爸爸,您慢慢吃",或"大家请慢慢吃"等。不能一推饭碗,什么话也不说,离桌而去,这是不礼貌的行为。

(3) 待大家都用餐完毕,应帮助家长一同收拾碗筷,擦净桌面,洗刷碗筷。不可碗筷一撂即扬长而去,或坐在一边任由家人忙碌,自己无动于衷,这是不礼貌、不懂事的表现。

(三) 中餐就餐禁忌

(1) 用餐时嘴里不要发出声响。

(2) 用餐时不能吸烟。

(3) 不能用自己的筷子为别人夹取食物。

(4) 不能用筷子翻拣食物。

(5) 不能长久不放下筷子。

(6) 嘴里不能嚼着筷子。

(7) 不能用筷子敲打餐具。

(8) 不能用筷子指点别人。

(9) 不能用手直接取食物(带骨的除外)。

(10) 不能毫无遮掩地剔牙。

(11) 不能两个胳膊放在餐桌上。

(12) 不能随口乱吐嘴里不想吃的食物。

(13) 不能先下手为强,站立起来夹菜。

(14) 不能正对餐桌打喷嚏。

(15) 吃饭时不能大声说话。

(16) 不能两眼盯着盘中餐,显出迫不及待的样子。

(17) 不能腿伸长,被人看见脚底。

(18) 女士不能在餐桌上补妆。

(19) 女士不能给男士点烟。

(20) 不能过分地劝人饮酒。

(21) 不能埋头闷吃,不苟言语。

四、问候礼仪

日常家庭生活中,家人之间、主宾之间都免不了有问候礼仪。问候,也就是问好,打招呼。就是在和别人相见时,以语言向对方致意的一种方式。在有必要问候的时候,要注意问候的次序、态度、内容等三个方面。

(一) 问候

1. 问候的次序

如果同时遇到多人,宾主之间的问候要讲究一定的次序。

(1) 一个人问候另一个人,一个人和另外一个人之间的问候,通常是"位低者先问候"。即身份较低者或年轻者首先问候身份较高者或年长者。

(2) 一个人问候多人。这时候,即可以笼统地加以问候,比如说"大家好",也可以逐个加以问候。当一个人逐一问候许多人时,也可以由"尊"而"卑",由长而幼地依次而行。

2. 问候的态度

问候是敬意的一种表现,态度上需注意:

(1) 要主动。问候别人,要积极主动。当别人首先问候自己之后,要立即予以回应,不要不理不睬摆架子。

(2) 要热情。问候别人的时候,通常要表现得热情、友好。毫无表情或者表情冷漠的问候不如不问候。

(3) 要自然。问候别人的时候,主动热情的态度必须表现得自然而大方。矫揉造作、神态夸张或者扭扭捏捏,反而会给人留下虚情假意的不好印象。而且要专注。问候的时候,要面含笑意,以双目注视对方的眼睛,以示口到、眼到、意到、专心致志。不要在问候对方的时候眼睛已经看到别处,让对方不知所措。

3. 问候的内容

问候内容上有两种形式,各有不同的适用范围。

(1) 直接式。所谓直接问候,就是直截了当地以问好作为问候的主要内容,它适用于正式的交往,尤其是宾主双方初次相见。

(2) 间接式。所谓间接式问候,就是以约定俗成的问候语,或者在当时条件下可以引起的话题,主要适用于非正式、熟人之间的交往。比如:"忙什么呢""您去哪里"等,来代替直接式问好。

(二)寒暄

寒暄者,问候之语也。问候,也就是人们相逢之际所打的招呼、所问的安好。在多数情况下,二者应用的情景都比较相似,都是作为交谈的"开场白"来被使用的。从这个意义上讲,二者之间的界限常常难以确定。

寒暄的主要用途,是在交往中打破僵局,缩短人际距离,向交谈对象表示自己的敬意,或是借以向对方表示乐于与之结交之意。所以说,在与他人见面之时,若能选用适当的寒暄语,往往会为双方进一步的交谈,做好良好的铺垫;反之,在本该与对方寒暄几句的时刻,反而一言不发,则是极其无礼的。

在自己被介绍给他人之后,应当跟对方寒暄。若只向他点点头,或是只握一下手,通常会被理解为不想与之深谈,不愿与之结交。

碰上熟人,也应当跟他寒暄一两句。视若不见,不置一词,难免显得自己妄自尊大。

(三)问候语的民俗性、地域性特征

例如,老北京爱问别人:"吃过饭了吗?"其实质就是"您好!"您要是答以"还没吃",意思就不大对劲了。若以之问候南方人或外国人,常会被理解为:"要请我吃饭?""讽刺我不具有自食其力的能力!"或被认为是"多管闲事"、"没话找话",从而引起误会。

(四)常用礼貌用语

使用礼貌用语,可体现出一个人的文雅、和蔼、善良和风度。它给人一种尊敬和舒适的感觉,可获得他人的好感。

礼貌语言的内容十分丰富,用途非常广泛。我们要根据不同的情景,针对不同的对象灵活使用,既要彬彬有礼,又要不俗气。

日常礼貌用语根据表达的语意可分为如下几大类:

1. 问候语

问候语一般不强调具体内容,只表示一种礼貌。它简单明了,不受场合的约束。

比较通用的问候语有"你(您)好"、"你(您)早"、"早上好"、"上午好"、"早安"、"下午好"、"晚上好"(约18:00至睡前)、"晚安"(临近对方睡觉时,并肯定在当天不会再相会时,回答"晚安")。

不论是在何种场合,问候表情都应自然、和蔼、亲切,面带微笑。不论是何人以何种方式向自己问候,只要对方是善意的,都应给予答复,不可置之不理。同所有的人见面时均不应该省略问候。

简单的问候是体现一个人的修养和人际交往水平高低的重要方面。通过使用问候语,培养自己的风范,树立个人形象和社会形象。

2. 致谢语

当别人为你提供了帮助时,或为你提供方便时,都应用"谢谢"、"多谢"、"谢了"、"十分感谢"、"麻烦你了,非常感谢"等常用的谢语。具有中国特色的致谢语还有"难为你了"、"有劳你了"、"让您费心了"、"给您添麻烦了",等等。

当接受别人的款待或赠物时,应用"好,谢谢",拒绝别人赠物或邀请时,应用"不,谢谢"。

在面对以下情况时,向人致谢是必要的:

(1) 如果有人邀请你一同进餐时。

(2) 当有人热情为你让座时。

(3) 当别人为你端上一杯茶时。

(4) 当有人为你捡起你掉下的东西时。

(5) 当有人送给你礼物时。

使用致谢语时也可具体说明原因,如"谢谢您对我的热心帮助"、"对您的周到服务我非常感谢"、"谢谢您为我提供的一切方便",等等。

有时,别人想给你帮助而未能如愿时,例如,你向别人问路,对方不知道,说不上来,你也要谢谢他。只要你麻烦了别人,或别人为你提供了方便均应使用致谢语。

3. 道歉语

日常家庭生活中,有时我们会因为某种原因打扰别人,影响别人,或是给别人带来某种不便,甚至给别人造成某种损失或伤害时,都应立即使用道歉语。

通常使用表达歉意、不安、遗憾的道歉语有:"对不起"、"请原谅"、"打扰了"、"很抱歉"、"真过意不去"、"对不起,打断一下"、"对不起,让您久等了",等等。

若无意中碰了或踩了别人,或要打断别人的谈话,或未能办成别人托付的事,都应道歉。自己失礼、失陪、失约、失手更应主动道歉。若觉得道歉的话说不出口,必要时可用其他方式代替,如送个小礼物和一束花、写一封致歉的短信,等等。

道歉不应羞于启齿,道歉本身正是一个人襟怀坦荡、深明道理、真挚诚恳和具有勇气的表现。主动道歉可缓解和避免很多不必要的矛盾和冲突,是使人际关系和谐发展的重要方式。

4. 赞美语

每一个人都要善于发现、欣赏别人的优点、长处,并且真诚地赞颂他,达到缩短心理距离及增强对方自信心的作用,特别是当你赞美对方还没有意识到的优势、优点时,对方会感到别人的赏识而很欣慰,从而更容易相处和合作。但要把握分寸,虚伪的阿谀奉承,虚伪的赞美夸大其词的吹捧都是极令人反感的。常使用的赞美语有"太好了"、"太美了"、"真漂亮"、"太棒了"、"你干得相当好",等等。

赞美还可以用反语来表示。反语赞美似贬实褒,更能调动对方的积极性。用反语赞美对方要求对方具有较好的语言理解和欣赏的能力或与赞美者有相对稳定的关系。比如,某位男士在介绍自己戒烟成功的经验时说:"我之所以戒了烟,是因'妻管严专政'的结果。"使用反语赞美应委婉含蓄、诙谐风趣,将赞美表达得淋漓尽致。

面对赞美,作出积极应答是被赞美者展示自己思想品质、机智与才能、文化素质的礼仪表现。一般回答的方法有如下几种:

(1) 致谢式。这是最通用的形式,尤其是在对赞美的回答中最为适宜,如"谢谢您的鼓励"、"多谢您的栽培"、"承蒙您的关照",等等。

(2) 肯定式。这是受西方文明的影响,认为只要赞扬内容属实,自我感觉当之无愧,就应当对其赞美予以肯定性的答语。如老师说:"这篇文章写得好极了!"学生应致谢回答:"能得到您的赏识,我很高兴(或我很荣幸)。"假如你用谦虚的语句进行推辞,反而会使老师尴尬。

(3) 谦虚式。这是受中国文化传统影响使用较多的一种赞美反馈式。常用语有:"哪里哪里"、"您过奖了"等。

(4) 互酬式。一般用平行式赞美的话回赠,如"您的上装真漂亮!"回答则用"您的这套服装也很合体、很有风度"等。

5. 拒绝语

在社会交往中,总有拒绝他人的时候。拒绝的好与坏往往会影响到他人的感情、关系。在不破坏人际关系和谐的基础上,应掌握拒绝的语言和拒绝的方式。

拒绝语言可采取转移目标的形式。当对方提出问题或要求时,不好接着对方的话回答"行"或"不",而是采取移花接木的方法,紧接前面的话茬,提出一个新的话题,把对方的话题避开。如甲问:"您的身体最近怎样?"乙答:"你是不是经常锻炼身体?"

还可以用推脱的语言形式来拒绝,不直接拒绝对方,而是找出一个理由与对方的意见相抵触,以达到拒绝的目的。如甲问:"你今晚能出来吗?"乙答:"能是能出来,可是妈妈一个人生病在家,没有人照顾她。"

除使用语言拒绝之外,还可以用一些方式来加以拒绝。

(1) 他人转告。若当面难以拒绝或不便说出来时,可请关系好的第三者转告。

(2) 另做指点。当对所求感到力不从心或不好去办时,可以为对方介绍另外解决问题的途径。

这也叫做缓兵之计。当遇上棘手的问题时,当时立即回绝不好,可以想办法拖延解决问题的时间。

(3) 沉默不语。当想拒绝一件事时,又不便说出,可装做没有听见,用沉默的方式进行表态。

总之,拒绝语在使用时一定要考虑人际关系,选择最恰当的方式拒绝。

6. 征询语

在为他人做事或想求得帮助时都应使用征询语,如"您有什么事情需要帮忙吗?"、"我能为您做些什么吗?"、"您不介意的话,我可以看一看吗"、"您喜欢这个式样吗"、"这样是否打扰您呢",等等。即使是为他人服务也应征询在先。这样做既热情,又有礼貌,如饭店行李员在为客人服务前,一定要求得客人的同意,不可毛手毛脚,不然会很难堪。

7. 告别语

人生何处不相逢!天下没有不散的宴席,我们生活中经常会有告别时刻。应根据离别的不同去向、环境、情况选择恰如其分的告别语。

告别语"再见"、"等会见"、"明天见"、"晚安"、"慢走"等语句,适用于感情依赖性较弱的双方在告别时使用,如同学、同事、朋友。另外,在短期度假、旅游时可说:"过个愉快的假期"、"旅游愉快"、"一路顺风"等。

家人之间、长幼之间还可叮咛一番:"路上小心"、"凡事要自己掂量"、"多保重",等等。告别语应推心置腹,给对方以安慰感。

8. 请托语

在生活与社会交往中常常要使用"请"字,这是请托与人或礼貌待人的最佳语言,使对方愉快地接受。

常用的请托语有"请"、"劳驾"、"拜托"、"有劳您(你)"、"让您费心了"、"请您帮个忙"、"请问您"、"请您稍候"、"请将门窗关好",等等。英语国家一般用"(Excuse me)对不起"。在日本则用"请多关照"、"拜托您了"。当向对方提出请求时,"请"字当先,语气应诚恳,切不可低声下气,更不要居高临下。即使是请人一起吃饭,也应说:"请您同我共进晚餐好吗?"特别是请女性朋友或外国朋友时,绝不可摆出一副施恩于人的样子。在向别人提出比较重大的请求时,要注意把握恰当的时机。当对方正处于心情烦躁时或遇到重大变故时,就不必前去打扰。

当别人拒绝你的请求时,应予以理解,并且为对方所做的努力表示谢意。

主动为客人服务时,语气要亲切、坦诚,如"请用餐"、"请您稍稍休息一下"、"请您喝茶"、"请您指教"、"请您留步",等等。

9. 其他

还有一些常用的礼仪语言:

请人原谅说"包涵",请人批评说"指教",求人解答说"请问",托人办事用"拜托",央人帮忙说"劳驾",求给方便说"借光",麻烦别人说"打扰",请人指点说"赐教",初次见面说"久仰",好久不见说"久违",向人祝贺说"恭喜",看望别人用"拜访",陪伴朋友用"奉陪",中途先走称"失陪",对方来信称"惠书",别人送用"留步",宾客来临说"光临",老人年龄称"高寿",赞人见解称"高见",等候客人称"恭候",等等。

第二节 来客接待与做客的礼仪

一、来客接待礼仪

1. 准备

家里有客人来访,应提前做准备。主人的服饰要整洁,家庭布置要干净美观,水果、点心、饮料、烟酒、菜肴等要提前备好。如果是正式宴请,如婚礼、寿诞等,还要预先送请柬或电话邀请,确定宴请时间、场所,排好座次,落实宴请形式、规模、档次。

2. 迎接客人

客人在约定时间到达，主人应提前到门口迎接，不宜在房中静候，最好夫妇一同前往，女主人应在前。如果有客人突然临门，要热情相待，若室内未清理，应致歉并适当收拾，但不宜立即打扫，因为打扫有逐客之意。

3. 问候寒暄

见到客人，应热情招呼，女主人应主动上前握手。如果客人手提重物，应主动帮忙，对长者或体弱者可上前搀扶。进入室内应把最佳位置让给客人坐，如果客人是初次来访，应向其他家人或客人作介绍。主人要面带微笑，步履轻松，不能有疲惫心烦之相。

4. 敬烟、敬茶

一般情况下，来客是男士，一落座马上敬烟。敬烟忌用手直接取烟，应打开烟盒弹出几支递到客人面前请客人自取，敬烟不能忘了敬火，若主人也会吸，应先客后主。冲泡茶时首先要清洁茶具，多杯茶时应一字儿排开来回冲，每杯茶以斟杯高的三分之二为宜，不宜满杯，切忌外溢，应双手捧上放在客人的右手上方，先敬尊长者。

5. 陪客交谈

客人坐下，奉敬烟茶糖果之后，应及时与之交谈，话题内容可因实际而定。一般来说应谈一些客人熟悉的事情，若无法奉陪客人交谈，可安排身份相当者代陪或提供报纸杂志、打开电视供客人消遣，切不可出现主人只管自己忙，把客人晾在一旁的现象。

6. 送客礼节

当客人散席或准备告辞时，主人应婉言相留。客人要走，应等其起身后，主人再起身相送，家人也应微笑起立，亲切告别。若客人来时带有礼物的，应再次提及对礼物的感谢或回赠礼物，并不忘提醒客人是否有东西遗忘，或有什么事需要帮忙。送客应送到大门口或街巷口，切忌跨在门槛上向客人告别或客人前脚一走就"啪"地关门。如果是初次来客，主人应主动指路或安排车辆接送，远方来客则应送至火车站、机场或码头，并说祝愿话或发出再来的邀请。

二、做客的礼仪

1. 准备

到别人家做客，应提前做好准备，如着装得体，视情况准备些礼物，视路途远近、塞车情况可提前动身。

2. 预约或应邀

到别人家做客,可以是自己主动前往,也可以是受邀请。如是前者应事先打电话或写好书信约好时间,以防突然造访给别人带来麻烦;后者无论答应还是拒绝,都应及时告知对方,切忌答应某一邀请后,又因参加另外的约会而失此约。

3. 到达的礼仪

首先应准时到达,或稍稍提早,到达主人门前,要先擦净脚上泥巴,轻轻叩门。如需按门铃,切忌重手重脚或时间过长。

4. 进门问候

进门后如有大衣雨具交给主人安置,并向主人问候、寒暄,还要向在场的主人家属和其他客人打招呼,待主人安排或指定座位再坐下。

5. 接受烟茶

主人端茶敬烟要起身道谢,双手迎接,点烟时必须站起来,身体前倾并致敬意。果皮、果核、烟灰、烟蒂不应乱丢、乱弹、乱扔。

6. 不随便翻看

进入主人家,不经主人允许,不可随意动用、翻看主人家的东西,即便是至亲好友也应先打招呼,征得主人同意后才能动用、翻看,特别是主人的卧室更不能随便进入。

7. 退席告辞

作为客人,口头提出告别后应立即起身辞别,不能几次三番说要走,结果还坐着滔滔不绝地说。走之前不要忘记对主人的热情招待表示感谢,尤其要向女主人道别。当主人送你走到门口将分手时,应主动与主人握手道别,并说"请回"、"留步"、"再见"之类的客套话。

第三节 邻里之间的礼仪

一、楼上、楼下、对门的邻里礼仪

"室内现代化,室外脏乱差;与己无关事,红灯高高挂;楼上挨楼下,不知谁姓啥;手拿大哥大,见面不说话",这首打油诗正是现在很多邻里关系的写照。但我们有句俗话:远亲不如近邻。家庭间的各种交往中,交往最频繁的就是邻里了。从主观来说,绝大多数人都想搞好邻里关系。但客观上不知怎么搞好邻里关系的为数并不少。

1. 关于相见

楼上、楼下、对门邻居每天进进出出,都要相见,相见时要主动打招呼、问好致意,这是最起码的礼貌。

2. 关于自己的习惯

(1) 要自觉爱护公共卫生,自觉参与社区公共活动,为维护一个好的生活环境尽一份力。

(2) 要相互帮助和讲信用。邻里之间能办到的事情要尽量帮忙,别人有了困难,应该积极主动地去帮一把,万不可幸灾乐祸,在一旁看笑话;同时邻里之间还要讲信用,做不到的事情千万不要对别人夸海口,以免误了别人的大事。借邻居的东西一定要及时归还,如果因一时疏忽而延误了归还时间,应当面向人家表示歉意。

(3) 要考虑自己的兴趣爱好、生活习惯会不会给别人带来干扰。例如,是否有喜欢晚上唱卡拉 OK,而且一唱就超过晚上 12 点的习惯;你是否老把洗衣服的水或别的不干净的污水一出家门就泼在邻里共用的路面上;你是不是有半夜才回家,而且走路、说话声音很大的习惯等。这些看起来并不起眼的小事是最容易伤了邻居之间的和气的。

(4) 学会礼让与宽容。对邻居要以礼相待,平易近人,不要视若路人。见面后要主动和别人打招呼,平时对邻居不要苛求,谈得来的就多交往,谈不来的维持一种有距离的友好态度就行。对于邻居不合理的要求和做法,采取"有理、有节"的态度,合理地、妥善地解决处理,指桑骂槐是没教养的坏习惯,也是邻里关系紧张的导火索。

3. 关于占楼道等公共场所

(1) 遇到特殊情况需要占用楼道空间临时放些物品,必须先和相关楼层的邻居做好沟通。要说清原因以及占用时间,得到他们的体谅,也可以在物品旁贴一张"安民告示"说明情况。

(2) 要注意什么能放什么不能放。比如不要放易碎、易燃、易腐蚀、易腐烂和气味难闻的物品,体积太大影响别人上下楼的也不要放。绝对不要长时间占用楼道公共空间,这不符合邻里礼仪规范,也不利于防火防盗。

4. 关于养宠物

养宠物的时候,要注意两个细节问题。

(1) 注意卫生。一些宠物,特别是猫、狗等时常随地大小便,主人要带上塑料袋或者旧报纸等,将宠物的排泄物包好扔到垃圾箱,保持公共场所的卫生和美观。

(2) 注意安全。出门遛狗,要给狗拴上绳索,不要任它狂吠乱叫,追逐扑咬。遇到老人和小孩,要特别小心,别让他们受到惊吓。

5. 关于小孩

小孩活泼好动,可能喜欢又蹦又跳或者玩玩具,不会意识到激情"表演"的声响会给楼下邻居造成多大的影响。

作为家长必须有意识地提前"防范",就可以避免给左右邻居造成不必要的干扰:选择轻便软底的室内拖鞋;在地上铺上泡沫或者地毯,避免孩子在蹦跳或者是玩玩具时弄出太大的声响;如果孩子想拍皮球、玩乒乓球,则应该带他们到室外去玩;平时多教育孩子养成在家中轻放东西,轻声走路的好习惯。

6. 关于邻里串门

如果应邀去串门,要选择好适当的时间。如果约好具体时间,那当然好;如果没说具体时间的话,就要避开人家的吃饭时间和休息时间。如果是周六、周日的话,上午 10 点之前是不宜打扰的。

进门前有门铃的要按门铃,没门铃的要轻轻叩门,即使门已经为你开了。这样做的目的是告诉对方,你来了,以让对方有个心理准备,而不要冒冒失失闯进去,让人家吓一跳。

如果是带小孩做客,一定要教育好小孩不要在别人家里调皮、乱动别人东西。

如果对方是长辈或是第一次进人家做客的话,主人没坐你就不能先坐。如果家里有长辈,要主动和长辈打招呼。

主人端茶、拿糖果招待的时候,一定要表示感谢。如果有长辈在说话,不但要用心听,还不可以插话。

如果主人有看表、打呵欠等谢客表示,或者快到吃饭时间,作为客人就要起身告辞了。

如果是请人吃饭的话,那就要提前准备,而不要到了吃饭时间才匆匆忙忙去做准备,使人家觉得没有诚意。

7. 邻里之间的社交礼仪

(1) 不影响他人生活。邻里交往最基本的出发点就是要尊重他人正常生活的权利。任何时候，都应当避免做影响他人正常生活的事情。例如：你住在楼上，搬桌椅动作要尽量轻些，敲打东西尽量不在屋内，不穿带钉的鞋在屋内走动。有小孩的家庭，对孩子的活动方式应适当控制。阳台养花草、晾衣服等不要弄脏或滴湿楼下晾晒的衣物。从楼上往楼下乱扔脏物、杂物是不道德的行为，要坚决杜绝。做饭、洗菜时，不要随意把东西往下水道或厕所里扔，以免下水道堵塞。住在楼下的也要尽量设身处地为楼上住户着想，遇到情有可原的干扰与影响，要多些宽容，还可礼貌地提醒上面的住户注意。对于那些屡说不改的，可以通过居委会做工作，切忌报复。住在楼群、院落里，电视机、录音机以及演唱卡拉OK的声响都不宜过大，特别是午休和夜深人静的时候，更要注意控制音量，不能影响他人休息。

(2) 爱护公共设施。有邻里就有共用设施，爱护共用设施是讲公德的表现。凡是公共的设施和场地，大家都要共同使用、共同维护，任何一户都不能独自占用或长期占为已有。例如：楼道或过道是共用的，如果成了堆放杂物的地方，就妨碍了人们上下楼；有的人爱把垃圾筒堆放在过道上，只知自己的居室卫生，而不顾公共楼道的卫生，这是自私自利的表现，当然属不讲礼仪之举。

(3) 互相体谅。邻里之间要互相尊重、互相体谅、互相关心、互相帮助。当邻居向你求助时，比如搬运重物、维修用品等，你应热情帮忙；邻居住医院可以主动协助护理或帮助照顾家里的老人、孩子，让邻居放心治病；邻居家发生纠纷，要多做和解工作；邻居家有婚丧之事，也应主动帮忙或祝贺。

二、农村邻里的礼仪

1. 农村邻里的特点与功能

农村邻里是农村居民在地缘关系的基础上，经久相处、友好往来，自然形成的共同生活的社会群体。与其他社会群体相比，农村邻里之间具有四个比较明显的特点：① 地域性，也就是说它是一种地缘群体。② 情感性，也就是说它是以情感为基础结合起来的群体。③ 选择性，也就是人们加入哪个邻里群体，具有一定的选择余地。④ 非正式性，也就是说，邻里是一个非正式群体。

农村邻里的社会功能是多方面的。① 具有生产上互助的功能。② 具有生活上互助的功能。③ 具有社会治安的功能。④ 具有社会化的功能。⑤ 具有感情交流和思想交换的功能。⑥ 具有调解纠纷和协调关系的功能。因此,我们要通过加强邻里的精神文明建设等途径来建立和完善适应农村现代化要求的邻里关系。

2. 农村邻里之间的礼仪

农村邻居居住环境和城市有些区别,他们祖祖辈辈居住生活在一个村庄。注意农村邻里的礼仪有助于构成新农村和谐。

(1) 注意称呼。农村有些村庄多是亲缘关系,即使是异姓,见面也要亲切地打招呼,"大伯"、"大叔"、"大婶"叫着亲切。

(2) 遵规守俗。自觉遵守村规村约,尊重农村的风俗习惯,逢年过节礼尚往来。

(3) 尊老爱幼。尊老爱幼是中华民族的传统美德。尊敬老人、孝敬老人是义不容辞的责任。爱护关心下一代,使他们在良好的环境里健康成长。

(4) 相互帮助。农村人都住在一起,谁家有什么事,一会工夫全村人都知道。所以农村邻里之间就像生活在一个大家庭里,免不了互相帮助干些琐碎的杂活,像帮邻居把牲口赶到泉上饮水,代邻居放羊、看小孩等。如遇婚丧嫁娶、起房盖屋,都应该前去帮忙,应互相祝贺。下雨了帮助邻居收晾在外面的衣服等。

(5) 言而有信。诚实守信,农村邻居免不了有些借借还还现象,一定要有借有还。如借邻居农机具,坏了要维修好再还。

(6) 不言隐私。邻里之间切忌说长道短,在一起聊天时要尽量不说伤和气的话。有话当面讲,不背后议论,不拨弄是非。邻居的私事,既不去打听,也不偏听偏信,更不传播。

在外工作、学习的人员,若回农村老家,要主动和邻里打招呼,坐车或骑车子时一般到村口就要步行。见人说话要谦虚、诚恳,不要啊哈哼嗯,让人觉得你很了不起,看不起乡下人。

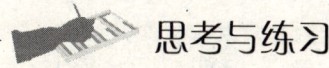

思考与练习

1. 如何尊敬父母长辈?
2. 怎样做才是一位受人欢迎的客人?
3. 参加宴会应如何注意礼节?

4. 就餐时有哪些禁忌?
5. 以小品形式训练待客与作客。
6. 邻里给我们生活带来了什么?
7. 邻居之间交往应该注意什么?
8. 分组进行"远亲"、"近邻"的辩论。

第三章　交往礼仪

 **学习目的**

通过学习使学生掌握见面、探病和馈赠、宴会、电话礼仪的规范和技巧,学会人与人交往的基本方法,树立交往也是财富的理念。

第一节　见面礼仪

一、称呼

在人际交往中选择合理、恰当的称呼既是对他人的尊重,也是有礼貌、有修养的一种表现。根据礼仪规范,选择正确、适当的称呼,有三点应当注意:一是选择称呼要合乎常规;二是要照顾被称呼者的个人习惯;三是要入乡随俗。

（一）不同场合下的称呼

1. 生活中的称呼

（1）亲属的称呼。这类称呼是约定俗成的,讲究亲切,但不一定非常标准。

(2) 朋友、熟人的称呼。这类称呼既要亲切、友好，又要不失敬意。

2. 工作中的称呼

(1) 职务性称呼。对交往对象以职务相称，以示身份有别、敬意有加，这是一种最常见的称呼。如在职务前加上姓氏、在职务前加上姓名(适用于极其正式的场合)。

(2) 职称性称呼。对于具有职称者，尤其是具有高级、中级职称者，在工作中直接以其姓氏加职称相称，如王教授。

3. 行业性称呼

对于从事某些特定行业的人，可直接称呼对方的职业，如老师、医生、会计、律师等；也可以在职业前加上姓氏、姓名。

4. 社交场合的称呼

对于从事商务交往和服务性行业的人，一般约定俗成地按性别的不同分别称呼"小姐"、"先生"，"小姐"是称未婚女性，有时也可以用"女士"称呼女性(有些地方对女性不能称"小姐")。

5. 姓名称呼

称呼姓名，一般限于同事、熟人之间。有三种情况：

(1) 直呼其姓名。全姓名称谓有一种庄重感、严肃感，一般用于学校、部队或其他郑重的场合。

(2) 只呼其姓，要在姓前加上"老"、"小"等前缀，这种称呼亲切、真挚。一般用于一起工作、劳动和生活中相互关系比较熟悉的人之间。

(3) 只称其名，不呼其姓。如上司称呼下级、长辈称呼晚辈，在亲友、同学、邻里之间也可使用这种称呼。一般在同性之间使用，在异性之间相互称呼时一般不去姓。

(二) 称呼禁忌

称呼的使用是否规范，是否表现出尊重，是否符合彼此的身份和社会习惯，这是一个十分重要的礼仪问题。合理、恰当的称呼能体现出对人的尊重。

一般到机关应称"同志"，在医院称"医生"或"大夫"，到工厂叫"师傅"，学校叫"老师"、"教授"，邻居按辈分称呼。在与他人交往时，千万注意不要因称呼而冒犯对方，一般而言，下列称呼是不能采用的：

(1) 缺少称呼。需要称呼他人时，如果根本不用任何称呼，或者代之以"喂"、"嘿"、"下一个"、"那边的"以及具体代码，都是极不礼貌的。

（2）绰号性称呼。对与自己关系一般者，切勿擅自为对方起绰号，也不应以道听途说而来的绰号去称呼对方。

（3）庸俗低级的称呼。

（4）使用过时的称呼。

（5）使用错误的称呼。使用错误的称呼主要在于粗心大意。常见的错误有两种：误读和误会。

（6）对长者忌直呼其名。

二、介绍

现代人要生存，要发展，在日常生活和工作中，就要与其他的人进行必要的沟通，以寻求理解、帮助和支持。介绍就是人际交往中与他人进行沟通、增进了解、建立联系的一种最基本、最常规的方式，它是经过自己主动沟通或者通过第三者从中沟通，从而使交往双方相互认识、建立联系的一种交往方法。

在交往中，如能正确地利用介绍，不仅可以扩大自己的交际圈，广交朋友，而且有助于进行必要的自我展示，自我宣传，并且替自己在人际交往中消除误会，减少麻烦。

（一）自我介绍

1. 自我介绍的时机

（1）与不认识的人相处一室时。

（2）不相识者对自己很有兴趣时。

（3）他人请求自己做自我介绍时。

（4）在聚会上与身边的陌生人相处时。

（5）求助对象对自己不了解时。

（6）拜访熟人遇到不相识者挡驾，或是对方不在，而需要请不相识者代为转告时。

（7）前往陌生单位，进行业务联系时。

（8）在出差、旅行途中，与他人不期而遇，并且有必要与之建立临时接触时。

（9）因业务需要，在公共场合进行业务推广时。

（10）初次利用大众传媒向社会公众进行自我推荐、自我宣传时。

(11) 利用社交媒介与其他不相识者进行联系。

(12) 应聘求职时。

(13) 应试求学时。

2. 自我介绍的方式

(1) 应酬式。应酬式自我介绍适用于某些公共场合和一般性的社交场合。这种自我介绍最为简洁,往往只包括姓名一项即可。如"您好,我叫××。""您好,我是××。"

(2) 工作式。工作式自我介绍适用于工作场合,它包括本人姓名、供职单位及其部门、职务或从事的具体工作等。如"您好,我叫××,是××公司的销售经理。""我叫××,在××学校读书。"

(3) 交流式。交流式自我介绍适用于社交活动中,自我介绍者希望与交往对象进一步交流与沟通。它大体应包括介绍者的姓名、籍贯、学历、兴趣及与交往对象的某些熟人的关系。如"您好,我叫××,在××工作。我是××的同学,都是××人。"

(4) 礼仪式。礼仪式自我介绍适用于讲座、报告、演出、庆典、仪式等一些正规而隆重的场合。包括姓名、单位、职务等,同时还应加入一些适当的谦辞、敬辞。如:"各位来宾,大家好!我叫××,是××学校的学生。我代表学校全体学生欢迎大家光临我校,希望大家……"

(5) 问答式。问答式自我介绍适用于应试、应聘和公务交往。问答式的自我介绍应该是有问必答,问什么就答什么。

3. 自我介绍的注意事项

(1) 注意时机。要抓住时机,在适当的场合进行自我介绍。适当的时机有:一是对方有空闲时;二是对方情绪较好时;三是对方有兴趣时;四是对方受干扰少时。

(2) 讲究态度。态度一定要自然、友善、亲切、随和。语气要自然,语速要正常,语音要清晰。在自我介绍时镇定自若,潇洒大方,这有助于给人以好感;同时也显示了自己胸有成竹、自信。

(3) 注意时间。自我介绍时还要简洁,言简意赅,尽可能地节省时间,一般不宜超过一分钟,而且愈短愈好。话说得多了,不仅显得啰嗦,而且交往对象也未必记得住。为了节省时间,作自我介绍时,还可利用名片、介绍信等加以辅助。

(4) 注意内容。自我介绍的内容一般包括四项基本要素:姓名、供职单位、所属部门、担任职务或所从事的具体工作。这四项要素在作自我介绍时,应一气连续报出。这样既有助于给人以完整的印象,又可以节省时间。要真实诚恳,实事求是,不可自吹自擂,夸大其词。

(5)注意方法。进行自我介绍时,应先向对方点头致意,得到回应后再向对方介绍自己。介绍时应善于用眼神表达自己的友善、关心以及沟通的渴望。如果你想认识某人,最好预先获得一些有关他的资料,诸如性格、特长及兴趣爱好。这样在自我介绍后,易于建立融洽的关系。在获得对方的姓名之后,不妨口头加重语气重复一次,因为每个人最乐意听到自己的名字。

(二)介绍人介绍

介绍人介绍就是经第三者为彼此不相识者的双方引见、介绍的一种介绍方式。介绍他人通常是双向的,即对被介绍者双方各自作一番介绍。介绍他人,需要把握以下要点。

1. 介绍的顺序

介绍长辈与晚辈认识时,应先介绍晚辈,后介绍长辈;介绍女士与男士认识时,先介绍男士,后介绍女士;介绍上级与下级认识时,先介绍下级,后介绍上级;介绍主人与客人认识时,先介绍主人后介绍客人。

2. 介绍的内容

由于实际需要的不同,为他人作介绍的方式也不尽相同。

(1)一般式,也称标准式。一般式介绍以介绍双方的姓名、单位、职务等为主,适用于正式场合。如:"请允许我来为两位引见一下。这位是××公司营销部主任××小姐,这位是××集团副总××小姐。"

(2)简单式。简单式介绍只介绍双方姓名一项,甚至只提到双方姓氏而已,适用一般的社交场合。如:"我来为大家介绍一下:这位是谢总,这位是徐董,希望大家合作愉快。"

(3)附加式,也称强调式。附加式介绍用于强调其中一位被介绍者与介绍者之间的关系,以期引起另一位被介绍者的重视。如:"大家好!这位是××公司的业务主管×先生,这是其儿子××,请各位多多关照。"

(4)引见式。引见式介绍者所要做的,是将被介绍的双方引到一起即可,适用于一般社交场合。如:"请两位认识一下吧。大家其实都曾经在一个公司共事,只是不在一个部门。接下来的,请你们自己说说吧。"

(5)推荐式。推荐式的介绍者经过精心准备再将某人举荐给某人,介绍时通常会对前者的优点加以重点介绍。通常,适用于比较正规的场合。如:"这位是××先生,这位是××公司的××董事长。×先生是经济学博士,管理学专家。××,我想您一定有兴趣和他聊聊吧。"

(6) 礼仪式。礼仪式是一种最为正规的他人介绍,适用于正式场合。其语气、表达、称呼上都更为规范和谦恭。如:"××,您好!请允许我把××公司的执行总裁××先生介绍给您。××,这位就是××集团的人力资源经理××。"

3. 注意介绍时的细节

在介绍他人时,介绍者与被介绍者都要注意一些细节。

(1) 介绍者为被介绍者作介绍之前,要先征求双方被介绍者的意见。

(2) 被介绍者在介绍者询问自己是否有意认识某人时,一般应欣然表示接受。如果实在不愿意,应向介绍者说明缘由,以求谅解。

(3) 当介绍者走上前来为被介绍者进行介绍时,被介绍者双方均应起身站立,面带微笑,大大方方地目视介绍者或者对方。

(4) 介绍者介绍完毕,被介绍者双方应依照合乎礼仪的顺序进行握手,同时彼此使用"您好"、"很高兴认识您"、"久仰大名"、"幸会"等语句问候对方。

三、握手与鞠躬

(一) 握手

握手是流行于许多国家的一种见面、道别、祝贺、致谢的礼节,是人们在交往中彼此用于表达友好的常用礼节。握手的力度、姿势、时间的长短等往往能表达出对对方的态度,显露出自己的个性,给人留下深刻的印象。因此,握手是一种无声的语言。

1. 握手的方法

在距离对方75厘米时,双脚立正,上身略向前倾斜,两眼注视对方,面带微笑,右臂自然向前伸出,四指并拢,虎口张开,手掌向左,掌心与地面垂直,稍用力轻握对方的手掌,上下振动2~3次,礼毕后恢复站姿。

2. 握手的场合

一般来说,握手的场合分为三种:① 见面之初、道别时要握手。② 表示祝贺、感激、鼓励、慰问时握手。③ 表示尊重时也要握手。礼仪是形式,要体现对人的尊重就必须表达出来。

3. 握手的顺序

"尊者居前",即主人、年长者、上级、先来者、已婚者、老师先伸手,当然我们还必须清楚,你还要注意它的场合和特殊性。地位尊者优先伸手,讲的是在正规场合,但是身份不同时则是不一样的。但无论谁先伸手,即使他忽视了握手礼的先后顺序而已经伸出了手,都应看作是友好、问候的表示,应马上伸手相握,拒绝他人的握手是非常失礼的。

在实践中,除两人握手时要注意彼此伸手的先后之外,一人与多人握手时,亦须注意其先后的顺序。一般来讲,在一人与多人握手时,顺序为:①由尊而卑。②由近而远。一般情况应该首先跟自己距离最近的人握手。

如果是在社交场合,尤其是在宴会桌上一般实行顺时针方向进行。你去握手,你去干杯,大家坐在一个圆桌上,或者围在一个客厅里面,圆桌四面都有人,那么标准做法是什么呢?假如我是主人的话,第一个握手的是右手边的人,因为右手的那个人通常是主宾。然后就按顺时针方向走,我的左手,左一、左二、左三、左四这样走的,顺时针方向前进。人们通常认为这是一种比较吉利的方向。在一般的社交场合,别人不喜欢倒着走。除非极特殊情况,比如运动会入场式,那是古希腊奥林匹克运动的传统,运动员入场都是逆时针的。还有轿车在酒店大堂停车是逆时针上来的,这是因为交通规则的问题必须这样。

4. 握手的禁忌

(1) 不要坐着与人握手。

(2) 握手时应把握力度。

(3) 握手时应脱掉手套和墨镜。国际惯例,只有女士在社交场合戴着的薄纱手套可以不摘。

(4) 握手时不要左右晃动。

(5) 多人同时握手时,不要交叉握手,待别人握完后再伸手,握手时要微笑致意。

(6) 不要跨门槛或隔着门槛握手。

(7) 握手时手应该是洁净的。

(8) 握手后不可当场擦手。

(9) 跟别人握手时间用多久很重要。时间不能太短,也不能太长。一般和别人握手最佳的做法应该是 3~5 秒钟。如果是表示鼓励、慰问和热情,可以时间稍微延长,但是也绝对不要长过 30 秒钟。拉住对方的手长篇大论,点头哈腰,过分客套,会令对方很尴尬。

(10) 不可拒绝握手。

(11) 不要在握手时把对方的手拉过来、推过去。

(12) 握手时不要仅仅握住对方的手指尖。最佳握手一般强调握力在 2 000 克左右最佳。就是要稍微使点劲,以表示热情友善。

(13) 不可用左手握手。握手,尤其跟外国人握手,一般只用右手。

(14) 握手时目光一定要注视对方的眼睛,以表示你的专注和热诚。切不可一面跟对方握手,又同时东张西望,这样显得对对方不尊重,也不要注视对方的其他部位,而降低了对人的热情。军人戴军帽与对方握手时,应先行举手礼,然后再握手。

(二) 鞠躬

鞠躬,本意为不抵抗,相见时把视线移开,郑重地把头低下,告诉对方我对你不怀有敌意。用鞠躬表示敬意产生于现代,是表示对他人敬重的一种礼节。

鞠躬礼既适用于庄严肃穆、喜庆欢乐的仪式,也适用于一般的社交场合。在一般的社交场合,晚辈对长辈、学生对老师、下级对上级、表演者对观众等都可行鞠躬礼。领奖者上台领奖时,向授奖人及与会者行鞠躬礼;演员谢幕时,对观众鞠躬致谢;演讲者也用鞠躬向听众表示敬意。

1. 鞠躬的方式

行鞠躬礼时,以站姿为基础,面带微笑,行礼前,两眼注视对方,行礼时,以臀部为轴心,上身向前倾斜,倾斜的角度为15°、45°、90°。两眼随着身体的倾斜向下移动,移动到大约离脚尖1.5米处,鞠躬完结,恢复站姿,两眼再次注视对方。

2. 鞠躬的禁忌

(1) 鞠躬时应该脱帽、脱墨镜。

(2) 鞠躬时不可边工作边鞠躬。

(3) 鞠躬不可速度太快。

(4) 行鞠躬礼时不要注视对方。

(5) 不可连续地、重复施礼,鞠躬一次即可。

四、名片

名片是当代社会不论私人交往还是公务交往中最经济实惠、最常用的介绍媒介,被人称作自我介绍的"介绍信"或社交"联谊卡",具有证明身份、广交朋友、联络感情、表达情谊等多种功能。

(一) 名片的制作

1. 尺寸

一般名片的尺寸为9×5.5厘米。如果无特殊需要,不应将名片制作过大,否则会给人以标新立异、虚张声势之感。

2. 颜色

名片宜选择庄重朴素的白色、米色、淡蓝色、浅灰色等。不宜选择黑色、大红色、粉色、紫色、绿色等,这些颜色都会有失庄重。

3. 图案

名片以无图案为最佳。也可以有企业标志、主要产品、方位图等。不可以印制人像、漫画、花卉、宠物等。

4. 文字

名片上的文字宜用中文简体字,不宜用繁体字。也可以印制相同内容的一种少数民族文字或外文。切勿在一张名片上采用两种以上的文字,也不要将两种文字交错印在同一面。

(二) 名片的运用

1. 名片的递送

(1) 递送的方法。递送名片前应当先做自我介绍,或先打招呼。递送时两脚立正,两眼注视对方,面带微笑,上身略向前倾斜,名片正面朝上,字体朝向对方,用双手或右手递送名片,举至胸前,同时说礼节性用语。

(2) 名片递送的顺序。递送名片时,应遵循"尊者居后"的原则。即交换名片时应当由位低者向位高者发送名片,再由后者发送名片。但在多人之间递送名片时,不宜以职务高低决定发送顺序,切勿跳跃式进行发送,甚至遗漏其中某些人。最佳的方法是由近及远或按顺时针方向依次发送。

2. 名片的接受

接受客人名片时,一定要讲究礼貌。主要应当做好以下几点:

(1) 态度谦和。接受名片时,态度要恭敬,也要呈现站姿,面带微笑,上身略向前倾斜,双手或用右手接过对方的名片,并要表示感谢。

（2）认真阅读。接过对方的名片后应有礼貌地阅看名片上所显示的内容,必要时可从上到下,从正面到反面看一遍,并且要称呼对方,以表示对交往对象的尊重,同时也便于记住交往对象的姓名。如果名片上有不懂的或不明白的内容可以当面请教。

（3）有来有往。接受了交往对象的名片后,要即刻回赠一张自己的名片。没有名片、名片用完了或者忘记带名片了,应向对方作出合理的解释或者致歉,切忌毫无反应。

3. 名片的存放

接受了对方的名片后,应将对方的名片放在名片夹中,然后放入西装内侧口袋或公文包中。女士可放入手提包。切忌随意乱丢乱放,乱揉乱折,不宜将名片顺手放在桌子上,也不宜将名片放在西裤后侧口袋中。这些都会被认为是对对方的不尊重。

五、交谈礼仪

交谈是人与人之间相互交往的重要工具。交谈能使人心灵聪慧,碰撞出思想的火花;通过交谈,能互相扩大知识面,开阔视野;交谈还能使人与人之间加强了解、增进友谊。

交谈是一门艺术,愉快的交流使人身心愉悦,有益的交谈使人增长智慧。优雅而文明的谈吐反映了一个人的思想道德水平和科学文化素养。因此,学习并掌握交谈礼仪十分必要。

（一）创造良好的交谈氛围

谈话,从问候寒暄开始,始终包括说和听两个方面。无论是说还是听,都要合理地运用眼神。此外,一次愉悦的交谈还须注意选择话题,对说话内容进行修饰,力求使谈话过程生动活泼、轻松愉快。在听与说的关系上,听比说更重要。只有听与说互相配合,才能达到交谈的效果。

1. 必要的寒暄

音乐始于序曲,交谈起于寒暄。交谈一般从问候与寒暄开始,寒暄不仅是必不可少的客套,还可以为交谈作情绪和情感上的铺垫。成功的寒暄,可以迅速缩短双方之间的感情距离,调节气氛,促进交流。

问候寒暄是交谈的导入阶段,是交谈的第一礼仪程序。问候也好,寒暄也罢,本身并无多少实际意义,主要是在交谈时起到情感导入色彩。问候寒暄可以打破陌生双方的界限,缩短熟人之间的情感距离,导出交谈者之间的交谈话题。因此,有人把它称作人际关系发生、发展的起点是颇为准确的。

中国传统的问候寒暄用语比较复杂,与问候双方的地位、身份、所处环境等都有关系。常见的有以下几种方式:

(1) 问候语的内容与吃喝拉撒睡有关的。例如:"你吃了吗?""您吃好了?""还没歇着?"等等,一天之中的绝大多数时间都可以使用此类问候语。

(2) 问候语与问候对象正在进行的活动有关。例如:"您上班去呀?""您出去呀?"等等。这类问候语有点"明知故问"的味道。

(3) 问候语与了解对方的行动目的有关。例如:"您干什么去?"对这样的问候,答话者既可如实相告,也可随便答上一句"我出去一下"之类的话。

(4) 问候语与夸耀对方有关。例如:"小王,你穿这身衣服显得特别英俊。"

(5) 问候语不具体涉及交谈双方。例如:"这天可真好?""电影院里空气真差。"

这样一些比较具体、复杂、略显得啰嗦的问候语,在过去人们生活节奏比较缓慢,人际接触比较单一、稳固的情况下,曾产生过很好的礼仪效果,今后也将继续存在,继续发挥它们的作用。

随着时代的发展,各种事物和现象都在发生着迅速而微妙的变化。问候语的发展随着人们的生活节奏的加快,日益变得简捷、抽象。现在,公众场合最常见的问候语和答谢语都只有两个字:"您好!"它适用于一切场合。

当然,如果是双方要停下来交谈,问候语也可能比较具体。例如:"好久不见,你近来怎样?""你走以后,我们好想你哟。""来这里多长时间啦?还住得惯吗?""好久没来了,你觉得我们这里有什么变化?"等等。

寒暄语越是具体,越应考虑交往环境、交往对象与交往目的,使形式能为内容服务。也就是说,不应当将上述寒暄用语到处乱套,对不同的人应使用不同的问候寒暄语。例如,对头上长有疮疤来作客的人,就不能用"灯光真亮"之类作为寒暄语。

中国人过去见面,喜欢用"你又长胖了"作为恭维话、问候语。现在恐怕用在小姐或女士们面前就不会有好效果了。同样,在西方人眼中,只有穷人因无钱去参加旅游、日光浴等健身活动,才会发白、发胖。因此,面对西方人也不应用"你又白又胖"作为问候语。

西方小姐在听到人家用"你看上去真迷人!""你真是太美了!"等向她们问候时,她们会很兴奋,并会很礼貌地以"谢谢"作答。但倘若在中国小姐面前使用这句话就应特别慎重了,弄不好有人会觉得你品行不端、心术不正。不过,几乎无论在世界的任何地方,与男性比起来,女性更希望得到别人的赞美。如果男性在寒暄时用诚恳、恰当的语言,赞美女性的风度、仪态、谈吐等,她们都会有受宠之感。在与女性交谈时,切不可贸然打听对方年龄、体重以及婚姻状况等。

总之,只有适度的问候与寒暄才能引起交际双方的交谈兴趣与欲望,才能活跃交谈气氛,使交谈友好、亲切地进行下去。

2. 态度要诚恳

态度诚恳就是恰当使用谦恭、和善的语气和词句,控制交谈的音量,做到语速适当、均匀,给对方以亲切感。谈话时态度诚恳、自然、大方,语气和蔼、亲切,表达得体,才能有助于营造良好的交谈氛围。

不要轻易打断对方的谈话。"智者善听,愚者善说"。不要滔滔不绝,旁若无人。对方讲话的时候要耐心倾听,目光要注视对方,不要左顾右盼,也不要有看手表、伸懒腰、打呵欠等漫不经心的动作。在交谈中以认真诚恳的态度来关注交谈的内容与交谈者,必然会唤起对方的热情与信任,交谈的氛围也会随之进入最佳的阶段。

3. 神情专注

"眼睛是心灵的窗口"。人们可以用不同的眼神,来表达不同的思想感情。兴奋、喜悦、悲苦、怨愁、恐惧、失望、猜疑、烦闷等情感均可以从眼神中一览无遗。例如,人们常常用美丽、温和的眼神表达友好和善意;用双目圆睁、烈火般的眼神表达内心的愤恨。一个人目光炯炯有神、熠熠生辉,表明他心境愉快,信心十足;相反,一个人愁眉难展,眼神呆滞,说明他缺乏自信,精神颓废。

在谈话过程中,用目光注意对方是一种起码的礼仪要求,能用目光随着谈话内容的发展而变化,是这种礼仪的延伸。任何人都有这样的体会:凡是那些愿意认真用眼神与我们谈话保持呼应的人都会受到我们的尊重。我们决不会喜欢那些与我们谈话时东张西望、心不在焉,"眼观六路,耳听八方"的人。

4. 交谈距离

交谈距离就是彼此之间交流时应该保持的距离。交谈距离的礼仪性也很强,如果把握不准确,也会破坏交谈的气氛。

一般而言,交往双方的人际关系以及所处情境决定着相互间自我空间的范围。美国人类学家爱德华·霍尔博士把人际交往划分了四种距离,各种距离都要求与双方的关系相称。

(1) 亲密距离。亲密距离是人际交往中的最小间隔或无间隔,即我们常说的"亲密无间",其近范围在约15厘米之内,彼此间可能肌肤相触,以至相互能感受到对方的体温、气味和气息。其远范围是15~45厘米之间,身体上的接触可能表现为挽臂执手,或促膝谈心,仍体现出亲密友好的人际关系。

就交往情境而言,亲密距离属于私下情境,只限于在情感上联系高度密切的人之间使用,在社交场合,大庭广众之前,两个人(尤其是异性)如此贴近,就不太雅观。在同性别的人之间,往往只限于贴心朋友,彼此十分熟识而随和,可以不拘小节,无话不谈。在异性之间,只限于夫妻和恋人之间。因此,在人际交往中,一个不属于这个亲密距离圈子内的人随意闯入这一空间,不管他的用心如何,都是不礼貌的,会引起对方的反感,也会自讨没趣。

(2) 个人距离。个人距离是人际间隔上稍有分寸感的距离,已较少直接的身体接触。个人距离的近范围为46~76厘米之间,正好能相互亲切握手,友好交谈。这是与熟人交往的空间。陌生人进入这个距离会构成对别人的侵犯。个人距离的远范围是76~120厘米。任何朋友和熟人都可以自由地进入这个空间,不过,在通常情况下,较为融洽的熟人之间交往时保持的距离更靠近远范围的近距离76厘米一端,而陌生人之间谈话则更靠近远范围的远距离120厘米一端。

人际交往中,亲密距离与个人距离通常都是在非正式社交情境中使用,在正式社交场合则使用社交距离。

(3) 社交距离。社交距离已超出了亲密或熟人的人际关系,而是体现出一种社交性或礼节上的较正式关系。其近范围为1.2~2.1米,一般在工作环境和社交聚会上,人们都保持这种距离。不同的情境、不同的关系需要有不同的人际距离。例如,在一个外交会谈场合,座位的安排出现了疏忽,在两个并列的单人沙发中间没有放增加距离的茶几。结果,客人自始至终都尽量靠到沙发外侧扶手上,且身体也不得不常常后仰。可见,距离与情境和关系不相对应,会明显导致人出现心理不适感。

社交距离的远范围为2.1~3.6米,表现为一种更加正式的交往关系。公司的经理们常用一个大而宽阔的办公桌,并将来访者的座位放在离桌子一段距离的地方,这样与来访者谈话时就能保持一定的距离。如企业或国家领导人之间的谈判,工作招聘时的面谈,教授和大学生的论文答辩等,往往都要隔一张桌子或保持一定距离,这样就增加了一种庄重的气氛。

在社交距离范围内,已经没有直接的身体接触,说话时,也要适当提高声音,需要更充分的目光接触。如果谈话者得不到对方目光的支持,他(或她)会有强烈的被忽视、被拒绝的感觉。这时,相互间的目光接触已是交谈中不可缺免的感情交流形式了。

(4) 公众距离。这是公开演说时演说者与听众所保持的距离。其近范围为约3.7~7.6米,远范围在7.6米之外。这是一个几乎能容纳一切人的"门户开放"的空间,人们完全可以对处于空间的其他人"视而不见",不予交往,因为相互之间未必发生一定联系。因此,这个空间的交往,大多是当众演讲之类。当演讲者试图与一个特定的听众谈话时,他必须走下讲台,使两个人的距离缩短为个人距离或社交距离,才能够实现有效沟通。

显然,相互交往时空间距离的远近,是交往双方之间是否亲近、是否喜欢、是否友好的重要标志。因此,人们在交往时,选择正确的距离至关重要。有这样一个小伙子,他爱上了一个姑娘,向姑娘求婚遭到了当众拒绝。姑娘后来恼怒地说:"他竟在离我8英尺(约2.5米)的地方谈这种事。"自然,这种社交距离不适合谈婚论嫁。

人际交往的空间距离不是固定不变的,它具有一定的伸缩性,依赖于具体情境、交谈双方的关系、社会地位、文化背景、性格特征、心境等。

(二) 交谈的语言

在语言方面,交谈总的要求是文明、礼貌、准确。语言是交谈的载体,交谈者对它应当高度重视,精心斟酌。

1. 语言要文明

作为有文化、有知识、有教养的现代人,在交谈中,一定要使用文明优雅的语言。下述语言,绝对不宜在交谈之中采用:

(1) 粗话。有人为了显示自己为人粗犷,出言必粗。把爹妈叫"老头儿"、"老太太",把女孩子叫"小妞",把名人叫"大腕",把吃饭叫"撮一顿"。讲这种粗话,是很失身份的。

(2) 脏话。出口带脏字,讲起话来骂骂咧咧,出口成"脏"。讲脏话的人,非但不文明,而且自我贬低,十分低级无聊。

(3) 黑话。流行于黑社会的行话。讲黑话的人,往往自以为见过世面,可以此唬人,实际上却显得匪气十足,令人反感厌恶,难以与他人进行真正的沟通和交流。

(4) 荤话。即说话者时刻把艳事、绯闻、色情、男女关系之事挂在口头,说话"带色"、

"贩黄"。爱说荤话者,只能证明自己品位不高,而且对交谈对象不够尊重。

(5)怪话。有些人说起话来,怪里怪气,或讥讽嘲弄,或怨天尤人,或黑白颠倒,或耸人听闻,成心要以自己的谈吐之"怪"而令人刮目相看,一鸣惊人。爱讲怪话的人,难以令人产生好感。

(6)气话。即说话时闹意气,泄私愤,大发牢骚,指桑骂槐。在交谈中说气话,不仅无助于沟通,而且还容易伤害人、得罪人。

2. 语言要礼貌

在交谈中多使用礼貌用语,是博得他人好感与体谅的最为简单易行的做法。所谓礼貌用语,是指约定俗成的表示谦虚恭敬的专门用语。例如:

初次见面,要说"久仰";许久不见,要说"久违";客人到来,要说"光临";等待客人,要说"恭候";探望别人,要说"拜访";起身作别,要说"告辞";中途先走,要说"失陪";请人别送,要说"留步";请人批评,要说"指教";请人指点,要说"赐教";请人帮助,要说"劳驾";托人办事,要说"拜托";麻烦别人,要说"打扰";求人谅解,要说"包涵"等。

在社交中,尤其有必要对下述五句十字礼貌用语经常加以运用,并且多多益善。

(1)您好。"您好",是一句表示问候的礼貌语。遇到相识者与不相识者,不论是深入交谈,还是打个招呼,都应主动向对方先问一声"您好"。若对方先问候了自己,也要以此来回应。在有些地方,人们习惯以"你吃饭没有""最近在忙什么""身体怎么样""一向可好"来打招呼,问候他人,但都没有"您好"简洁通用。

(2)请。"请",是一句请托礼貌语。在要求他人作某件事情时,居高临下,颐指气使不合适,低声下气、百般乞求也没有必要。在此情况下,多用上一个"请"字,就可以逢山开路、遇水架桥,赢得主动,得到对方的照应。

(3)谢谢。"谢谢",是一句致谢的礼貌语。每逢获得理解、得到帮助、承蒙关照、接受服务、受到礼遇之时,都应当立即向对方道一声"谢谢"。这样做,既是真诚地感激对方,又是对于对方的一种积极肯定。

(4)对不起。"对不起",是一句道歉的礼貌语。当打扰、妨碍、影响了别人,或是在人际交往中给他人造成不便,甚至给对方造成某种程度的损失、伤害时,务必要及时向对方说一声"对不起"。这将有助于大事化小,小事化了,并且有助于修复双方关系。

(5)再见。"再见",是一句道别的礼貌语。在交谈结束、与人作别之际,道上一句"再见",可以表达惜别之意与恭敬之心。

3. 语言要准确

德国哲学家黑格尔曾经说过:"同样一句话,从不同人嘴里说出来,具有不同的含义。"其实,同一句话,即使是从同一个人嘴里说出来,也可能因为音强、音调、音质的不同,面部表情有异,而带有不同的含义,给人以不同的感觉。所以,要在说话中全面表现友好,除了说话内容以外,还要控制声调、表情等因素;除了有声语言外,还要借助无声语言。例如,拿托事道请的"请"字来说,如果说"请"字时,语调先低后高,带有起伏不稳的拖腔,眼睑下垂,脸往上支,就给人以酸溜溜的感觉。这样的"请",多半是在无可奈何的情况下,或者是要讥讽对方的时候而说的。如果说话语调短促有力,表情紧张,两眼直视,则给人以命令的印象;这样的"请",大多是在上级对下级或者是要显示居高临下的地位时说出来的。只有在说话时语调平稳,音强适中,音质柔和饱满,表情轻松自然,面带微笑,才给人以客气、礼貌的感觉。

20世纪70年代,美国心理学家阿尔培特曾经通过研究,给友好合理的谈话下了一个定义,立了一个公式,他认为谈话的友好=7%的说话内容+38%的声调+55%的表情。通过他的这一公式,我们不难看出谈话中的副语言以及表情的重要性。意大利著名的悲剧家罗西有一次应邀为外宾表演,他在台上用意大利语念起一段台词,尽管外宾听不懂他念的是什么内容,但却为他那满脸辛酸、凄凉、悲怆的语音、声调、表情所感染,大家禁不住泪如泉涌。当罗西表演结束后,翻译解释说,刚才罗西念的根本不是什么台词,而是大家面前桌子上的菜单!

在社会交往场合,有的人总是力图用语言来掩饰自己的真情实感,他们的语音、语调、语速、姿势、表情、动作等这些无声的东西又将他们的真实心态暴露无遗,甚至即使他们保持缄默,他们的眼睛也往往会"多嘴多舌"。

当然对于一个训练有素的人来说,声调表情等是可以自己控制的,他们可以用此来调控自己的外在表现,给人以假象。对于这种情况,公关人员应多加注意,综合观察,综合分析,去伪存真,由表及里。

即使是普通的人,声音、语调等东西也有可塑性和稳定性,也需要多加思考,才能作出准确的判断。例如:说话速度很快,可能是因为紧张,也可能是因为精力充沛;说话速度缓慢,可能是因为老成,也可能是没有兴致,或者力不从心;说话音量大,可能是身体好,中气足,也可能是因为激动、愤怒;说话结结巴巴,语无伦次,可能是因为缺乏自信,也可能是因为言不由衷;说话痛痛快快,无停无顿,可能是因为坦诚真实,也可能是在毫无根据地胡编乱造。

所以,交谈时无论是有声语言还是无声语言的使用,都应准确。否则不利于彼此之间的交往。要注意的问题主要有:

(1) 发音要准确。在交谈之中,要求发音标准,其含义有三:① 发音要标准,不能读错音、念错字,让人见笑或误会。② 发音要清晰,要让人听得一清二楚,而不是口齿不清,含含糊糊。③ 音量要适中,过大令人震耳欲聋,过小则让人听来费劲,都不大合适。

(2) 语速要适度。语速,即讲话的速度。在讲话时,对其应加以控制,使之保持匀速、快慢适中。在交谈中,语速过快、过慢或忽快忽慢,都会影响效果。

(3) 口气要谦和。在交谈中,讲话的口气一定要平和,亲切谦和。不要端架子、摆派头,以上压下,以大欺小,官气十足,倚老卖老,盛气凌人,随便教训人、指责别人。

(4) 内容要简明。在交谈时,应力求言简意赅,简单明白,节省时间,少讲废话。不要没话找话,短话长说,啰里啰嗦,废话连篇,节外生枝,任意发挥,不着边际,让人听起来不明不白。要言不烦,是交谈中不应忘记的重要一点。

(5) 土话要少用。交谈对象若非家人、乡亲,则最好在交谈之中别用对方有可能听不懂的方言、土语。硬要那么做,就是对对方不尊重。在多方交谈中,即便有一个人听不懂,也不要采用方言、土语交谈,以免使其产生被排挤、受冷落之感。

(三) 交谈内容及方式

交谈时要照顾到大多数人的情绪。初次见面或不是十分熟识的朋友经介绍而认识时要尽量避免一些只有少数人士有兴趣的主题,以免其他的人听不下去,索然无味地等待聚会的结束。要让其他人也有发言与参与的机会,谈话内容一般以天气、各地的风俗民情以及有趣的事情为佳。

还要避谈一些可能引起争议的话题。有些人虽基于礼貌并不会当场与你争论,但在心中一定十分不舒服,可能会在无意中得罪了别人,这自然也失去了社交的意义了。要注意不非议党和政府,不涉及国家和商业秘密,不非议交流对象,不背后议论别人,不谈格调不高的话题。

避免询问他人穿着、饰物等价格。社交场合当众询问,会使对方感到坐立不安。可以对他人的打扮加以赞美,但应适可而止不可太夸张,免得对方以为你在暗讽他。

社交的目的就是让大家彼此认识、彼此熟悉。若是你只和自己熟识的人交谈,不但无法达到交友的目的,失去很多机会,也会让别人产生被排斥的感觉。若有这种情形发生,可以借机脱离小团体,寻找话题和其他人士交谈。

几个人在一起窃窃私语,是一种不礼貌的举动,此种行为以女性居多。这会让人有别人当着你的面说你坏话的感觉。若真的有私事要交谈时,可以找一个人较少之处或角落私下交谈即可。

主人或宾客在发言时请立即安静下来以示尊重,待发言完毕后可再继续未完的话题。

交谈时注意以下禁忌:

(1) 忌居高临下、自我炫耀。

(2) 忌心不在焉、搔首弄姿。

(3) 忌打断对方、纠正对方、质疑对方。

第二节 探病和馈赠的礼仪

一、探病礼仪

1. 探视前的准备

到医院或家中去探视生病的人之前,要做一些准备,先向其家属、友人了解一下病人的病情和心情、饮食和休息情况,以及家里的情况等,以便到病房后,有针对性地作些安慰。探望前还可以准备些病人需要的东西,如书籍、食品、鲜花等。了解医院允许探视的时间。去医院时,还要换上清洁的服装,女士这时不应该浓妆艳抹,服装也不应鲜艳刺目。

2. 探视过程中的礼仪

(1) 进病房要先轻轻敲一下门,得到允许方可进入。这是对病人的一种尊重。

(2) 到病床前,先把礼物放下,见到病人,要同平常一样自然、平静,要面带微笑,主动上前握手,不宜握手时,可探身表示慰问。

(3) 见到病人治疗用的针头、皮管、纱布、绷带要表现出平静的样子,切不可表现出惊恐的神态,这样会增加病人的精神压力。然后坐在病人身旁或拿一张椅子坐下。

（4）病房的空间不大，与病人交谈，勿坐在床沿，以免占用病床空间，让病人产生压迫感。应坐在床前适当的位置。

（5）探视过程的交谈。交谈时应多讲些慰问、开导和鼓励的话，用乐观向上的语言给病人以精神上的鼓励，不要提及刺激病人的话题，多讲些愉快的事，使病人得到宽慰和快乐。要帮助病人增强战胜疾病的信心，积极配合医生医疗，劝导病人不要再为工作、家事操心，安心治疗。

与病人交谈时，要专心看着对方，认真听对方说话，不时地应答。如果病人病情较轻，可多让病人讲话，可以询问一些有关情况，探问病人的感觉和需要，不宜主动详细追问病情和治疗方法，尤其是对重病号，切不可流露出沉重或悲伤的表情，更忌讳当着病人的面流泪。应该谈些轻松乐观的话题，说话坦诚，不要吞吞吐吐或与他人小声交谈，也不宜提供一些旁门偏方，这些会增加病人的心理负担，不利于病体恢复。

与病人交谈的目的是解除病人的孤独感，分担病人的痛苦和忧虑，帮助他淡忘自己的病痛，稳定情绪，保持乐观、开朗的心境。

还要注意说话的声音要轻柔，切忌大声喧哗、说说笑笑。

3. 适时告辞

探望病人的时间不宜过长，一般不超过 30 分钟，10 分钟左右即可起身告辞。如果是探视挚友时间可以适当长一点。临走之前可以询问一下病人有什么需要帮助的，有什么事要帮忙办理的。离开前再嘱咐病人安心治疗，表示过两天再来看望。

如果是危重病人，则不应作交谈，只是探视，简单而深情地安慰、鼓励，再向病人的亲属致意以后就可告辞。不便当着病人的面交谈的，可在其亲属送到门外时再谈，以免引起病人疑虑，加重病情。

二、馈赠礼仪

馈赠即赠送礼品，是人们在交往过程中通过赠送给交往对象礼物来表达对对方的尊重、敬意、友谊、纪念、祝贺、感谢、慰问、哀悼等情感与意愿的一种交际行为。它是人际交往中一种表达友情、敬重和感激的方式。馈赠的目的在于沟通感情和保持联系，所以它不仅仅是一种交往方式，更为重要的是体现馈赠者的人品和诚意。要恰如其分地做到这一点，馈赠的一方必须注意以下几点。

1. 考虑受赠对象

赠送礼品时不能盲目,不能根据自己的好恶选择礼品。应该首先考虑受赠对象的性别、年龄、身份、爱好、习惯,又要考虑礼品本身的思想性、艺术性、趣味性和纪念意义,还需注意避奢脱俗。正如一位著名的礼仪专家所讲的那样,礼物应当是"创造性"的,应是为对方所喜欢并能接受的。像我国的景泰蓝、玉佩、绣品、水墨字画、瓷器、茶具等,都能受到国外客商及谈判者的喜爱。了解对方才可以根据对方的情况选择礼品,才能做到"有的放矢"。

2. 明确为什么送礼

送礼前要明白为什么送礼,是为生日、升迁、乔迁、婚丧而表示祝贺、慰问而赠送,还是因为初次见面、逢年过节而赠送。明确送礼目的才能选择合适的礼品。

3. 如何选择礼品

选择礼品应做到适时、适地、适俗、感人。送礼不必强求礼品的价值昂贵。礼品贵在精神价值而不在物质价值,"礼轻情义重",只要能表达深切情谊,礼轻也可以起到同样的作用。所以应注意以下两点:

(1)投其所好。选择礼品时一定要考虑周全,有的放矢。可以通过留心观察或打听了解受礼者的兴趣爱好,然后有针对性地精心挑选合适的礼品。尽量让受礼者感觉到馈赠者在礼品选择上是花了一番心思的,是真诚的。

(2)考虑具体情况。选择礼物要考虑具体的情况或场合。一是可以根据馈赠目的选择礼品。如公司庆典一般送鲜花,慰问病人可以送鲜花、营养品、书刊,朋友生日送卡片、蛋糕,节日庆祝送健康食品、当地特产,旅游归来送人文景观纪念品、当地特产,结婚送礼金,乔迁送字画,走亲访友送精致水果、糖酒食品等。二是根据馈赠对象选择礼品。如考虑彼此的关系现状,是亲缘关系、业务关系、性别关系、友谊关系、文化习惯关系,还是偶发性关系等,了解受赠对象的爱好和需要,尊重对方的禁忌,如个人忌讳、行业忌讳、民族忌讳、宗教忌讳等。

4. 送礼时间

(1)选择最佳时机。如节日、结婚、生子、乔迁、晋升、受挫、生病住院、表示感谢等。

(2)选择具体时间。我国一般会在见面之初,临行前夕或告别宴会上送礼。法国人喜欢下次重逢时馈赠礼品,英国人多喜欢在晚餐或看完戏后赠送礼品。可见,送礼时应根据各国习惯的不同作出不同的时间安排。

(3) 控制好送礼的时限。一般以简短为宜,说明意图、解释礼品用意即可。

5. 送礼场合

送礼常见到的场合有:表示谢意敬意,祝贺庆典活动,公共关系活动,祝贺开业庆典,适逢重大节日,探视住院病人,应邀家中做客,遭受不测事件。

送礼时还应注意初次见面在办公室或在公开场合送上一份礼品会有行贿之嫌;在庄严场合或在大庭广众面前,赠送女性衬衣、丝袜或食品等类礼品,会让对方尴尬,也会给人以俗气的感觉。在礼仪场合宜送大方、体面、高雅的礼品,在小范围或个别场景下,可以赠送吃穿用的礼品。

6. 如何赠送礼品

礼品除了当面赠送外,还可以请人代转,邮局邮送或专门的礼仪公司递送,但当面赠送最好。

当面赠送礼品时要考虑以下几点:

(1) 赠送礼品时,一般应起身双手捧送,目视对方并说明送礼的原因,表达自己的心愿,说明礼品的寓意和用途。

(2) 赠礼应从地位最高的人开始,逐级往下赠送,同一级别的应先女士后男士,先长辈后晚辈。

(3) 会见、会谈等活动中,在活动结束前赠礼,一般由最高职位的代表本方向对方赠送礼品。

(4) 赠送的礼品应该精心包装。对礼品精心包装既可以显得正式、高档,提高礼品的纪念意义,也会使受赠者倍感受重视。包装前要将标签去掉。

(5) 赠送的礼品不要乱掖乱塞在对方的居所之内,也不要悄悄放下,而不直言相告。

第三节 宴会礼仪

一、宴请的形式

国际上通用的宴请形式有宴会、招待会、茶会、工作餐等,而至于采取何种形式,一般根据活动的目的、邀请对象以及经费开支等因素来决定。每种类型的宴请均有与之匹配的特定规格及要求。

（一）宴会

宴会，指比较正式、隆重的设宴招待，即宾主在一起饮酒、吃饭的聚会。宴会是正餐，出席者按主人安排的席位入座进餐，由服务员按专门设计的菜单依次上菜。按其规格又有国宴、正式宴会、便宴、家宴之分。

1. 国宴

特指国家元首或政府首脑为国家庆典或为外国元首、政府首脑来访而举行的正式宴会，是宴会中规格最高的。按规定，举行国宴的宴会厅内应悬挂两国国旗，安排乐队演奏两国国歌及席间乐，席间主、宾双方有致词、祝酒。

2. 正式宴会

这种形式的宴会除不挂国旗、不奏国歌及出席规格有差异外，其余的安排大体与国宴相同。有时也要安排乐队奏席间乐，宾主均按身份排位就座。许多国家对正式宴会十分讲究排场，在请柬上注明对客人服饰的要求。外国人对宴会服饰比较讲究，往往从服饰规定体现宴会的隆重程度。对餐具、酒水、菜肴道数、陈设，以及服务员的装束、仪态都要求很严格。通常菜肴包括汤和几道热菜(中餐一般用四道，西餐用二三道)，另有冷盘、甜食、水果。外国宴会餐前上开胃酒。常用的开胃酒有：雪梨酒，白葡萄酒，马丁尼酒，金酒加汽水(冰块)，苏格兰威士忌加冰水(苏打水)，另上啤酒、水果汁、番茄汁、矿泉水等。席间佐餐用酒，一般多用红、白葡萄酒，很少用烈性酒，尤其是白酒。餐后在休息室上一小杯烈性酒，通常为白兰地。我国在这方面做法较简单，餐前如有条件，在休息室稍事叙谈，通常上茶和汽水、啤酒等饮料。如无休息室也可直接入席。席间一般用两种酒，一种甜酒，一种烈性酒。餐后不再回休息室座谈，亦不再上饭后酒。

3. 便宴

这是一种非正式宴会，常见的有午宴、晚宴，有时也有早宴。其最大特点是简便、灵活，可不排席位、不作正式讲话，菜肴也可丰可俭。有时还可以自助餐形式，自由取餐，可以自由行动，更显亲切随和。

4. 家宴

即在家中设便宴招待客人。东西方人士均喜欢采取这种形式待客，以示亲切。但西方家宴的菜肴往往远不及中国餐之丰盛,现为了简捷、丰盛,家宴也可以在酒店举行。

(二) 招待会

招待会是指一些不备正餐的宴请形式。一般备有食品和酒水饮料,不排固定席位,宾主活动不拘形式。较常见的有以下几种形式。

1. 冷餐会

冷餐会宴请形式的特点是不排席位,菜肴以冷食为主,也可冷、热兼备,连同餐具一起陈设在餐桌上,供客人自取。客人可多次进食,站立进餐,自由活动,边谈边用。冷餐会的地点可在室内,也可在室外花园里。对年老、体弱者,要准备桌椅,并由服务人员招待。根据主、客双方身份,招待会规格隆重程度可高可低,举办时间一般在中午12点至下午2点、下午5点至7点左右。这种形式常用于官方正式活动,以宴请人数众多的宾客。

我国国内举行的大型冷餐招待会,往往用大圆桌,设坐椅,主宾席排座位,其余各席不固定座位,食品与饮料均事先放置桌上,招待会开始后,自动进餐。

2. 酒会

酒会又称鸡尾酒会,较为活泼,便于广泛交谈接触。招待品以酒水为主,略备小吃,不设坐椅,仅置小桌或茶椅,以便客人随意走动。酒会举行的时间亦较灵活,中午、下午、晚上均可。请柬上一般均注明酒会起止时间,客人可在此间任何时候入席、退席,来去自由,不受约束。鸡尾酒是用多种酒配成的混合饮料,酒会上不一定都用鸡尾酒。通常鸡尾酒会备置多种酒品、果料,食品多为三明治、面包托、小香肠、炸春卷等各种小吃,以牙签取食,但不用或少用烈性酒。饮料和食品由服务员托盘端送,亦有部分放置桌上。近年来国际上举办大型活动采用酒会形式渐普遍。庆祝各种节日、欢迎代表团访问,以及各种开幕、闭幕典礼,文艺、体育招待演出前后往往举行酒会。自1980年起我国国庆招待会也改用酒会形式。

(三) 工作餐

工作餐是又一种非正式宴请形式。按用餐时间分为工作早餐、工作午餐、工作晚餐,主客双方可利用进餐时间,边吃边谈问题。我国现在也开始广泛使用这种形式于外事工作中。它的用餐多以快餐分食的形式,既简便、快速,又比较卫生。此类活动因多与工作有关一般不请配偶。工作进餐往往以长桌安排席位,其座位与会谈桌座位排列相仿,便于主宾双方交谈、磋商。

(四)茶会

茶会是一种简便的招待形式,一般在下午 4 时左右举行,也有的在上午 10 时左右进行。其地点通常设在客厅,厅内摆茶几、坐椅,不排坐席。但若为贵宾举行的茶会,在入座时,主人要有意识地与主宾坐在一起,其他出席者可相对随意。茶会顾名思义是请客人品茶。因此,茶叶、茶具的选择要有所讲究,或具有地方特色。一般用陶瓷器皿,不用玻璃杯,也不用热水瓶代替茶壶。外国人一般用红茶,略备点心和地方风味小吃。亦有不用茶而用咖啡者,其组织安排与茶会相同。

二、组织宴会的礼节

宴会是国际国内社会交往中一种通行的较高层次的礼仪形式。一般把政府机关、社会团体举办的有一定规模的酒宴称为宴会,把私人举办的规模较小的称为筵席。

宴会常用于庆祝节日、纪念日,表示祝贺,迎送贵宾等事项。宴会的场面一般比较庞大、隆重,能使人得到礼遇上的满足。不同的宴会有着不同的作用,通过宴会,可以协调关系,联络感情,消除隔阂,增进友谊,加强团结,求得支持,有利于合作等。宴会具有很重要的作用,有严格的礼仪要求。宴请宾客是一种较高规格的礼遇,所以主办单位或主人一定要认真、周到地做好各方面的准备。

(一)宴会的准备

1. 明确对象、目的、形式

(1)对象。首先要明确宴请的对象。明确主宾的身份、国籍、习俗、爱好等,以便确定宴会的规格、主陪人、餐式等。

(2)目的。宴请的目的是多种多样的,可以是为了表示欢迎、欢送、答谢,也可以是为表示庆贺、纪念,还可以是为某一事件、某一个人等。明确了目的,也就便于确定宴请的范围和确定宴会的形式。

(3)形式。宴会形式要根据规格、对象、目的而确定。在很大程度上取决于当地的习惯做法。正式、规格高、人数少的以宴会为宜,人数多时以冷餐会或酒会为合适,妇女会宜采用茶话会。

(4) 范围。宴请要哪些人参加,请哪一级别的,请多少人参加都应事先明确。确定邀请范围时,还要考虑宴请的性质、主宾身份、国际惯例以至当前的政治气候等多方面的因素。总的原则是参加宴请的人彼此身份要相当,即主客双方的身份要对等。哪些人作陪也应认真考虑。对出席宴会人员还应列出名单,写明职务、称呼等,以至对方是否有配偶都要准确。多边活动尤其要谨慎安排,对政治观念、宗教信仰不同或竞争对手双方进行邀请,参与同一活动,要慎重考虑。

2. 选择时间和地点

(1) 时间选择。安排中餐用餐的时间时,应主要考虑以下三个方面:

1) 主随客便。确定时间时,主人不仅要从自己的客观出发,更要讲究主随客便,即要优先考虑被邀请者,切忌勉强从事。作为礼貌,主人应提前询问,或多提供几种时间选择方案,以示诚意和周到。

2) 民俗惯例。依照具体用餐时间不同,中餐(相对于西餐)可分为早餐、午餐和晚餐三种。通常,国内外举办正式宴会一般在晚上进行,工作餐一般在中午进行,而沿海一带朋友亲人相聚则常选择饮早茶的形式。

3) 适当控制。中餐礼仪在控制时间上有一定的讲究。一般正式宴会的用餐时间约为1.5~2小时,非正式宴会与家宴约用1个小时,而便餐的用餐时间常在半小时以内。

另外,主人确定宴会的时间,还应从主、宾双方考虑,一般不选择在重大节日、假日,也不要安排在双方的禁忌日。选择宴会日期,要与主宾进行商定,然后再发邀请。

(2) 地点的选择。食用中餐,除了"吃东西",更重要的是"吃环境"、"吃文化",环境选择的好坏体现出主人对客人的尊重程度。因此,中餐用餐地点的恰当选择也是宴请成功的重要因素。

选择用餐地点时主要应注意选择环境幽雅、卫生良好、设施完备、交通方便的地方,四者缺一不可,接待人员在筹划时应将这四个方面都考虑在内。

3. 发出邀请和请柬的格式

在一般情况下,宴会的邀请有正式和非正式之分。非正式的邀请通常以口头的形式来表现。当面邀约、托人邀约、电话邀约等,主要适合于家宴和便宴。正式的邀约有请柬邀约、书信邀约、传真邀约、便条邀约等。请柬邀约最为正规。

为表示对宾客的尊重和邀请者的郑重态度,正式的宴会需专门向邀请对象发出邀请文书。一封完整的请柬,形式上由正文、请语、附启、落款、成文日期五部分组成。

请柬都要用封套封好才能送递,封套十分注重外在形式,要力求雅致,即需做一定的艺术加工,如图案装饰、美术字体、烫金加彩等。商务请柬应庄重大方;喜庆活动的请柬要热烈欢快。

请柬正文要用比较考究的厚纸对折而成,从书写的格式上有横折和竖折两种。横折请柬,对折后的左面外侧多为封面,右侧内侧多为正文行文之处。封面通常采用红色,并标有"请柬"两字。请柬内侧,可以同为红色,或采用其他颜色;忌讳用黄色与黑色。

正文是请柬的主体,第一行要书写称谓,即被邀请者的名称。书写时要在人名后加以尊称。假如邀请的对象是组织,不是某一特定的对象,这时只写组织名称。正文只需用一句话写明被邀请者所参加的宴请的形式、时间、地点即可。一般不加问候语。请柬行文不用标点符号,所提到的人名、单位名、节日名称都应用全称。中文请柬行文中不提被邀请人姓名(其姓名也可写在请柬信封上),主人姓名放在落款处。

请语是请柬所特有的,是请柬的重要标志要素。请语可以用带有文言色彩的"雅语",如"敬请光临"、"敬候莅临"等。请语的书写位置比较自由,可以将之作为整体,书写于正文之下的任一部位,可以顶格,也可以靠右空两格或四格(竖写时靠下空两格或四格);也可以拆开将"敬请"等表示己方行为的词居正文后书写,而将"光临"等表示对方行为的词另起一行顶格书写,以示恭敬。

附启又叫附加陈述、备忘。这部分并非每份请柬都有,应根据情况而定,附启的内容有时是具体的时期安排,有时是活动场合的地址、乘车路线、入场口、坐席位置、座位号、联系电话等;有时是一些值得注意的事项,如"凭柬入场";正式宴会则会注明赴宴的服装等。附启写于落款之上一行,请语之下,空两格书写。

落款的位置在附启的右下角。落款可以标示组织名称,也可以宴会主人名义,或者二者并用。在落款下面还要写上发出请柬的具体日期。

请柬信封上被邀请人姓名、职务书写要准确。国际上习惯对夫妇两人发一张请柬,我国国内遇需凭请柬入场的场合每人一张。正式宴会,最好能在发请柬之前排好席次,并在信封下角注上席次号。请柬一般提前1～2周发出(有的地方须提前一个月),以便被邀请人及早安排。

4. 桌次、座次安排

举办正式宴会,应当提前排定桌次和座次,或者只排定主桌席位,其他只排桌次。在中餐宴请活动中,往往采用圆桌布置菜肴、酒水。采用两桌或两桌以上圆桌安排宴请时,便出现了桌次的尊卑问题。

(1) 中式宴会的桌次安排。中式宴会通常 8～12 人一桌,人数较多时也可以平均分成几桌。在宴会不止一桌时,要安排桌次。其具体原则是:① 以右为上。当餐桌分为左右时,以面门为据,居右之桌为上(如图 3-1)。② 以远为上。当餐桌距离餐厅正门有远近之分时,以距门远者为上(如图 3-2)。③ 居中为上。多张餐桌并列,且为奇数时,以居于中央者为上(如图 3-3a、图 3-3b)。④ 主桌定位。是指主桌居前居中,其他桌子环绕排列时距离主桌的位置越近,桌次越高;距离主桌的位置越远,桌次越低(如图 3-4a、图3-4b)。

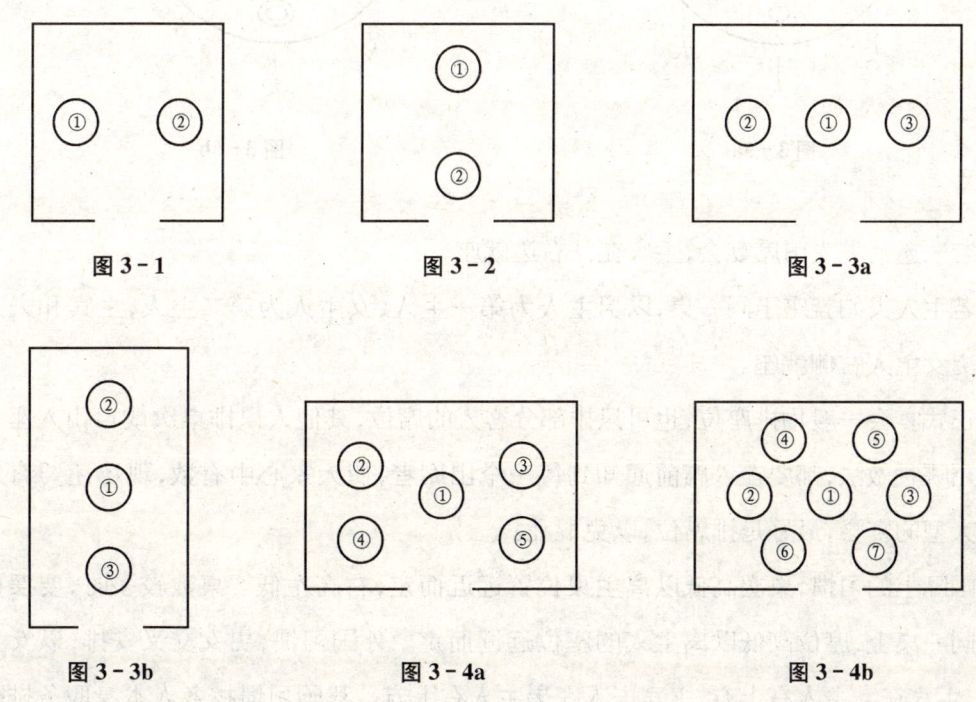

图 3-1　　　　图 3-2　　　　图 3-3a

图 3-3b　　　　图 3-4a　　　　图 3-4b

(2) 中式宴会的座次安排(如图 3-5a、图 3-5b)。座次,指同一餐桌上的座位高低。排列座次的原则是:① 面门为上,即主人面对餐厅正门。有多位主人时,双方可交叉排列,离主位越近地位越尊。② 主宾居右,即主宾在主位(第一主位)右侧。两人一同并排而坐时,通常以右为上。因为中餐上菜的顺序多为顺时针方向,居右者因此比居左者优先受到照顾。③ 好事成双,即每张餐桌人数为双数,吉庆宴会尤其如此。④ 各桌同向,即每张餐桌的主宾排位都要与主桌主位保持同一方向。⑤ 观景为佳,即指在一些高档餐厅用餐时,往往有优美、精致或高雅的演出可供用餐者观赏,此时应以观赏角度最佳处为上座。⑥ 临墙为好,即指在中低档餐厅用餐时,为了防止过往人的干扰,通常以靠墙之桌、靠墙之位为上位。

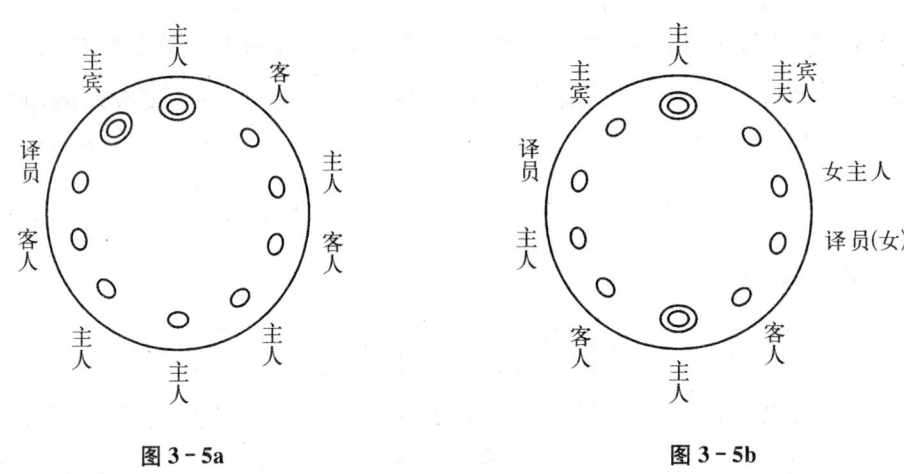

图 3 - 5a   图 3 - 5b

若未邀请夫人出席宴会,主宾在其右边就座。

若主人夫妇就座于同一桌,以男主人为第一主人,女主人为第二主人,主宾和夫人分别在男女主人右侧就座。

正式宴会一般均排座位,也可只排部分客人的席位,其他人只排桌次或自由入座。无论采用哪种做法,都要在入席前通知到每一个出席者,使大家心中有数,现场还要有人引导。大型的宴会,最好是排席位,以免混乱。

国际上的习惯,桌次高低以离主桌位置远近而定,右高左低。桌数较多时,要摆桌次牌。同一桌上,席位高低以离主人的座位远近而定。外国习惯,男女交叉安排,以女主人为准,主宾在女主人右上方,主宾夫人在男主人右上方。我国习惯按各人本身职务排列以便于谈话,如夫人出席,通常把女方排在一起,即主宾坐男主人右上方,其夫人坐女主人右上方。两桌以上的宴会,其他各桌第一主人的位置可以与主桌主人位置同向,也可以以面对主桌的位置为主位。

礼宾次序是排席位的主要依据。在排席位之前,要把经落实出席的主、客双方出席名单分别按礼宾次序开列出来。除了礼宾顺序之外,在具体安排席位时,还需要考虑其他一些因素。多边的活动需要注意客人之间的政治关系,政见分歧大,两国关系紧张者,尽量避免排到一起。此外,适当照顾各种实际情况。例如,身份大体相同,使用同一语言者,或属同一专业者,可以排在一起。译员一般安排在主宾右侧。在以长桌做主宾席时,译员也可以考虑安排在对面,便于交谈。但一些国家忌讳以背向人,译员的座位则不能作此安排。在他们那里用长桌做主宾席时,主宾席背向群众的一边和下面第一排桌子背向主宾席的座位均不安排坐人。在许多国家,译员不上席,为便于交谈,译员坐在主人和主宾背后。

以上是国际上安排席位的一些常规。遇特殊情况,可灵活处理。如遇主宾身份高于主人,为表示对他的尊重,可以把主宾摆在主人的位置上,而主人则坐在主宾位置上,第二主人坐在主宾的左侧。但也可按常规安排。如果本国出席人员中有身份高于主人者,譬如部长请客,总理或副总理出席,可以由身份高者坐主位,主人坐身份高者左侧,但少数国家亦有将身份高者安排到其他席位上。主宾有夫人,而主人的夫人又不能出席,通常可以请其他身份相当的女士做第二主人。如无适当身份的女士出席,也可以把主宾夫妇安排在主人的左右两侧。

席位排妥后着手写座位卡。我方举行的宴会,中文写在上面,外文写在下面。卡片用钢笔或毛笔书写,字应尽量写得大些,以便于辨认。便宴、家宴可以不放座位卡,但主人对客人的座位也要有大致安排。

5. 拟订菜单

宴请的酒菜根据活动形式和规格,在规定的预算标准以内安排。选菜不以主人的爱好为准,主要考虑主宾的喜好与禁忌。例如,伊斯兰教徒用清真席,不用酒,甚至不用任何带酒精的饮料;印度教徒不能用牛肉;佛教僧侣和一些教徒吃素;也有因身体原因不能吃某种食品的。如果宴会上有个别人有特殊需要,也可以单独为其上菜。大型宴请,则应照顾到各个方面。菜肴道数和分量都要适宜,不要简单地认为海鲜是名贵菜而泛用,其实不少外国人并不喜欢,特别是海参。在地方上,宜用有地方特色的食品招待,譬如用本地产的名酒名菜。无论哪一种宴请,事先均应开列菜单,并征求主宾或其他客人的意见,以示尊重和礼貌。

（二）宴请程序及现场工作

1. 宴请程序

主人一般在门口迎接客人。官方活动，除男女主人外，还有少数其他主要官员陪同主人排列成行迎宾，通常称为迎宾线。其位置宜在客人进门存衣处和休息厅之间。客人握手后，由工作人员引进休息厅。如无休息厅则直接进入宴会厅，但不入座。

休息厅内有相应身份的人员照料客人。由招待员送饮料。

主宾到达后，由主人陪同进入休息厅与其他客人见面。若其他客人尚未到齐，由迎宾线上其他官员代表主人在门口迎接。

主人陪同主宾进入宴会厅，全体客人就座，宴会即开始。如休息厅较小，或宴会规模大，也可以请主桌以外的客人先入座，贵宾席最后入座。

如有正式讲话，各国安排讲话的时间不尽一致。一般正式宴会可在热菜之后甜食之前由主人讲话，接着由客人讲。也有一入席双方即讲话的。冷餐会和酒会讲话时间则更灵活。

吃完水果，主人与主宾起立，宴会即告结束。

外国人的日常宴请在女主人为第一主人时，往往以她的行动为准。入席时女主人先坐下，并由女主人招呼客人开始就餐。餐毕，女主人起立，邀请全体女宾与之共同退出宴会厅，然后男宾起立，尾随进入休息厅或留下抽烟（吃饭过程中一般是不能抽烟的）。男女宾客在休息厅会齐，即上茶（咖啡）。

主宾告辞，主人送至门口，主宾离去后，原迎宾人员顺序排列，与其他客人握别。

家庭便宴则较随便，没有迎宾线。客人到达，主人主动趋前握手。若主人正与其他客人周旋，未发觉客人到来，则客人应前去握手问好。饭后如无余兴，即可陆续告辞。通常男宾先与男主人告别，女宾与女主人告别，然后交叉，再与家庭其他成员握别。

2. 宴请准备工作

工作人员应提前到现场检查准备工作。如是宴会，事先将座位卡及菜单摆上。座位卡置于酒杯或平摆于餐具上方，勿置于餐盘内。

席位的通知，除请柬上注明外，现场还可以：① 在宴会厅前陈列宴会简图，图上注明每人的位置。② 用卡片写上出席者姓名和席次，发给本人。③ 印出全场席位示意图，标出出席者姓名和席次，发予本人。④ 印出全场席位图，包括全体出席者位置，每人发给一张。这些做法各有特点，人多的宴会宜采用后者，便于通知。各种通知卡片，可利用客人在休息厅时分发。有的国家是在客人从衣帽间出来时,由服务员用托盘将其卡片递上。如果是口头通知,则由交际工作人员在休息厅通知每位客人。

如有讲话,要落实讲稿。通常双方事先交换讲话稿,举办宴会的一方先提供。代表团访问,欢迎宴会东道主先提供;答谢宴会则由代表团先提供。双方讲话由何人翻译,一般事先谈妥。

三、参加宴会的礼仪

（一）参加宴会前的准备

1. 应邀

接到宴会邀请(无论是请柬还是邀请电话),能否出席要尽早答复对方,以便主人安排。答复对方,可打电话或复以便函。

在接受邀请之后,不要随意改动。万一遇到不得已的特殊情况不能出席,尤其是主宾,应尽早向主人解释、道歉,甚至亲自登门表示歉意。

应邀出席一项活动之前,要核实宴请的主人,活动举办的时间地点,是否邀请了配偶,以及主人对服装的要求。活动多时尤应注意,以免走错地方,或主人未请配偶却双双出席。

2. 掌握出席时间

出席宴请活动,抵达时间迟早,逗留时间长短,在一定程度上反映出对主人的尊重。应根据活动的性质和当地的习惯掌握。迟到、早退、逗留时间过短都被视为失礼或有意冷落。身份高者可略晚到达,一般客人宜略早到达。出席宴会,根据各地习惯,正点或晚一两分钟抵达;在我国则正点或提前二三分钟或按主人的要求到达。出席酒会,可按请柬上注明的时间内到达。

3. 赠花

参加他国庆祝活动,可以按当地习惯以及两国关系,赠送花束或花篮。参加家庭宴会,可酌情给女主人赠少量鲜花。

（二）宴会进行中的礼仪

1. 抵达

抵达宴请地点,先到衣帽间脱下大衣和帽子,然后前往主人迎宾处,主动向主人问好。

2. 入座、离席的方式

应邀出席宴请活动,应听从主人安排。如是宴会,进入宴会厅之前,先了解自己的桌次和座位,入座时注意桌上座位卡是否写着自己的名字,不要随意乱坐。如邻座是年长者或妇女,应主动协助他们先坐下。

入座后坐姿要端正,脚踏在本人座位下,不要任意伸直或两腿不停摇摆,手肘不得靠桌沿,或将手放邻座椅背上。也不要旁若无人,更不要眼睛直盯盘中菜肴,显出迫不及待的样子。可以和同席客人交谈。

如果宴会还没有结束,但你已经用好餐,不要随意离席,要等主人和主宾餐毕先起身离席,其他客人才能依次离席。

有时,如果有急事需要中途退席,不要和谈话圈中的每一个人一一告别,只要悄悄地和身边的人打个招呼,然后离去便可。中途离开一定要向主人说明、致歉,不可不辞而别。和主人打招呼后,一定要马上离开,不要拉着主人聊个没完。因为对方要做的事很多,你占了主人太多的时间,会造成主人在其他客人面前失礼。

3. 进餐

入座后,主人招呼,即开始进餐。

取菜时,不要盛得过多。盘中食物吃完后,如不够,可以再取。如由招待员分菜,需增添时,等招待员送上时再取。如果本人不能吃或不爱吃的菜肴,当招待员上菜或主人夹菜时,不要拒绝,可取少量放在盘内,并表示"谢谢,够了"。对不合口味的菜,勿显露出难堪的表情。

吃东西要文雅。闭嘴咀嚼,喝汤不要啜,吃东西不要发出声音。如汤、菜太热,可稍待凉后再吃,切勿用嘴吹。嘴内的鱼刺、骨头不要直接外吐,用餐巾掩嘴,用手(吃中餐可用筷子)取出,或轻轻吐在叉上,放在菜盘内。

吃剩的菜,用过的餐具牙签,都应放在盘内,勿置桌上。

嘴内有食物时,切勿说话。

剔牙时,用手或餐巾遮口。

4. 交谈

无论是做主人、陪客或宾客,都应与同桌的人交谈,特别是左右邻座。不要只同几个熟人或只同一两人说话。邻座如不相识,可先自我介绍。

5. 祝酒

作为主宾参加外国举行的宴请,应了解对方祝酒习惯,即为何人祝酒,何时祝酒等,以便作必要的准备。碰杯时,主人和主宾先碰,人多可同时举杯示意,不一定碰杯。祝酒时注意不要交叉碰杯。在主人和主宾致辞、祝酒时,应暂停进餐,停止交谈,注意倾听,也不要借此机会抽烟。奏国歌时应肃立。主人和主宾讲完话与贵宾席人员碰杯后,往往到其他各桌敬酒,遇此情况应起立举杯。碰杯时,要目视对方致意。

宴会上相互敬酒表示友好,活跃气氛,但切忌喝酒过量。喝酒过量容易失言,甚至失态,因此必须控制在本人酒量的三分之一以内。

6. 宽衣

在社交场合,无论天气如何炎热,不能当众解开纽扣脱下衣服。小型便宴,如主人请客人宽衣,男宾可脱下外衣搭在椅背上。

7. 喝茶(或咖啡)

喝茶、喝咖啡,如愿加牛奶、白糖,可自取加入杯中,用小茶匙搅拌后,茶匙仍放回小碟内,通常牛奶、白糖均用单独器皿盛放。喝时右手拿杯把,左手端小碟。

8. 水果

吃梨、苹果,不要整个拿着咬,应先用水果刀切成四瓣、六瓣,再用刀去皮、核,然后用手拿着吃,削皮时刀口朝内,从外往里削。香蕉先剥皮,用刀切成小块吃。橙子用刀切成块吃,橘子、荔枝、龙眼等则可剥了皮吃。其余如西瓜、菠萝等,通常都去皮切成块,吃时可用水果刀切成小块用叉取食。

9. 水盂

在宴席上,上鸡、龙虾、水果时,有时送上一小水盂(铜盆、瓷碗或水晶玻璃缸),水上漂有玫瑰花瓣或柠檬片,供洗手用(曾有人误以为饮料,以致成为笑话)。洗时两手轮流沾湿指头,轻轻涮洗,然后用餐巾或小毛巾擦干。

10. 纪念物品

有的主人为每位出席者备有小纪念品或一朵鲜花。宴会结束时,主人招呼客人带上。遇此,可说一两句赞扬小礼品的话,但不必郑重表示感谢。除主人特别示意作为纪念品的东西外,各种招待用品,包括糖果、水果、香烟等,都不要拿走。

11. 餐具的使用

中餐的餐具主要是碗、筷,西餐则是刀、叉、盘子。通常宴请外国人吃中餐,亦以中餐西吃为多,既摆碗筷,又设刀叉。刀叉的使用是右手持刀,左手持叉,将食物切成小块,然后用叉送入嘴内。欧洲人使用时不换手,即从切割到送食均以左手持叉。美国人则切割后,把刀放下,右手持叉送食入口。就餐时按刀叉顺序由外往里取用。每道菜吃完后,将刀叉并拢排放盘内,以示吃完。如未吃完,则摆成八字或交叉摆,刀口应向内。吃鸡、龙虾时,经主人示意,可以用手撕开吃,否则可用刀叉把肉割下,切成小块吃。切带骨头或硬壳的肉食,叉子一定要把肉叉牢,刀紧贴叉边下切,以免滑开。切菜时,注意不要用力过猛撞击盘子而发出声音。不容易叉的食品,或不易上叉的食品,可用刀把它轻轻推上叉。除喝汤外,不用匙进食。吃带有腥味的食品,如鱼、虾、野味等均配有柠檬,可用手将汁挤出滴在食品上,以去腥味。

宴会进行中,由于不慎发生异常情况,例如用力过猛,使刀叉撞击盘子,发出声响,或餐具摔落地上,或打翻酒水等,应沉着,不要慌张。餐具碰出声音,可轻轻向邻座(或向主人)说一声"对不起"。餐具掉落可由招待员送一付。酒水打翻溅到邻座身上,应表示歉意,协助擦干;如对方是女性,只要把干净餐巾或手帕递上即可,由她自己擦干。

第四节 电话礼仪

一、打电话的礼仪

(一)打电话前的准备

任何形式的人际交流能否取得最后的成功,往往取决于交流各方是否在交流前做了准备、所做准备是否充分,接打电话也是如此。只有在通话前做好充分的准备,才能使通话得以顺利进行,观点得以准确阐明,信息得以及时传递,分歧得以有效消减。

1. 内容准备

在拨打电话之前,首先必须明确自己所要找的受话人的一般情况,包括受话人姓名、性别、职务、年龄等,以免发生尴尬。同时须明确受话人的电话号码,仔细核实,谨慎拨打。

更为重要的是,在通话前应当对自己所要传达的信息和阐述的要点有明确的把握。最佳办法是事先把这些内容写在便笺上,预备一个条理清晰的提纲。这样,电话一通,发话人就可以依照提纲有条不紊地进行阐述,不至于遗漏要点或者语无伦次,甚至因一时想不起来该说什么而尴尬地僵住。

2. 仪态准备

在一般情况下,不论是拨打电话还是接听电话,都必须全神贯注。首先应当暂时放下自己手头的一切工作,端坐或端立于电话前,然后从容地拿起电话,微笑通话。

通话时,通话人除了必须执笔做些适当、简短的记录,以及可以利用一些与通话内容相关的书面资料外,切不可三心二意地去做任何其他事情,否则既不尊重通话对象,也不利于交流沟通。

应当注意的是,通话虽然只是一个"只闻其声,不见其人"的交流过程,但通话人的神情举止完全可以通过声音的变化为对方清晰地洞察。通话人可以根据声音来判断对方到底是全神贯注还是心不在焉,到底是和蔼可亲还是麻木呆板,进而推断对方对自己尊重与否,从而微妙地影响交流的进程与效果。

有些人为了方便,喜欢使用免提通话,以便腾出手来做其他事。这同样有违全神贯注的基本要求,是不尊重对方的表现,不仅不能提高工作效率,反而有可能引起对方的误会和不满,进而影响工作。

3. 补缺准备

由于种种原因,往往会在办公时间暂时离开自己办公桌处理其他要事,以致自己无法接听他人来电。此时,一般可采取如下两种应对措施。

(1) 委托他人代为接听自己的电话。让受托之人嘱托来电者留下其姓名、单位及电话号码,转告他自己会在回办公室后即刻复电,并致歉意。一般不宜要求对方隔时再来电,以免给人以"摆架子"之嫌;也可请受托之人在对方同意的情况下,代为记录来电内容,但须确保记录准确,以免误事。

(2) 设置电话录音。预留录音时应使自己的发音谦逊友好,其基本内容可以是:"您好!这里是某某部门,现工作人员因公外出,请您在信号声过后留言,或留下您的姓名和电话号码。我们将尽快与您联络。谢谢。"

(二) 打电话的时间

打电话要选择对方方便的时间。不要在别人的休息时间内打电话,每天上午 7 点之前、晚上 10 点之后、午休和用餐时间都不宜打电话。

打电话前要搞清地区时差以及各国工作时间的差异,不要在休息日打电话谈生意,以免影响别人休息。即使客户已将家中的电话号码告诉你,也尽量不要往家中打电话。

打公务电话,尽量公事公办,不要占用别人的私人时间,尤其是节假日时间。有意识地避免在对方的通话高峰、业务繁忙的时间段内、生理厌倦时间打电话,否则都会影响打电话的效果。

在一般情况下,每一次通话的时间应有所控制,基本要求是:以短为佳,宁短勿长。在打电话时发话人应当自觉地、有意识地将通话时间控制在3分钟之内。

(三)内容要简练

通话之前,应做好充分准备。最好把对方的姓名、电话号码、通话要点等通话内容列出一张清单。这样可以避免在谈话时出现缺少条理、现说现想的问题。

内容简明扼要。电话接通后,除了先问候对方外,要自报单位、职务和姓名。请人转接电话,要向对方致谢。电话中讲话一定要务实,最忌讳吞吞吐吐、含糊不清。寒暄后,就应直奔主题。

适可而止。要说的话已说完,就应果断终止通话。不要话已讲完,依旧反复铺陈、絮叨。那样的话,会让对方觉得做事拖拉,缺少素养。

(四)举止要文明

打电话时,最好双手持握话筒,呈现站姿或坐姿。不要把电话夹在脖子上,也不要趴着、仰着、坐在桌角上,更不要把双腿高架在桌子上,最好不要一边走一边打。不要以笔代手去拨号。如果边打电话边吃东西,更为失态。

通话时,声音应当清晰而柔和,吐字应当准确,句子应当简短,语速应当适中,语气应当亲切、稳重、自然。不要在打电话时为自己的情绪所左右,要么亢奋激动,一上来就"力拔山兮气盖世",像一位草莽英雄一般地大声吼叫,震耳欲聋;要么情绪低沉,断断续续,小声小气地如同"耳语"或"哀怨"一样,让对方干着急也听不清楚。标准的做法是:话筒与嘴的距离保持在3厘米左右,嘴不要贴在话筒上。不要骂骂咧咧,更不要采用粗暴的举动拿电话撒气。

放下话筒时,务必注意轻放。挂断电话的方法不可轻视。将话筒胡乱抛下,这是对接听电话一方的极大不敬。电话被挂断之前,对方一直都把听筒贴在耳朵上听着,"喀哒"一声巨响,会使对方心情不悦。

二、接听电话礼仪

在接听电话时,亦有许多具体要求。能否照此办理,往往意味着接听电话者的个人修养与对待拨打电话者的态度如何。在通电话的过程中,接听电话的一方显然是被动者,尽管如此,在接听电话时,亦须专心致志,彬彬有礼。

(一)接听及时

电话铃声响起后,应尽快接听。但也不要铃声才响过一次,就拿起听筒。这样会令对方觉得很突然,而且容易掉线。来电应在第二声铃响之后立即接听。电话铃声响过许久之后才接电话,要在通话初向对方表示歉意。在国外,接电话有"铃响不过三遍"一说。

(二)注意语调和语言

用清晰而愉快的语调接电话,能显示出说话人的职业风度和可亲的性格。虽然对方无法看到你的面容,但你的喜悦或烦躁仍会通过语调流露出来。打电话时语调应平稳、柔和、安详,这时如能面带微笑地与对方交谈,可使你的声音听起来更为友好热情。千万不要边打电话边嚼口香糖或吃东西。

从自己这方,都希望对方声音清晰、吐字清楚、速度适中。但有时没有注意到自己讲话的声音非常小,有的发音还不太清楚。如果是电话机的原因,应及时换个电话机,以免总是让对方听不清楚,会引起对方不满。

在交往中,接电话时拿话筒所讲的第一句话,也有一定之规。接电话所讲的第一句话,常见的有三种形式。

(1)以问候语加上单位、部门的名称以及个人的姓名。这种接电话方式最为正式。例如:"您好!海马集团人事部史玲。您请讲。"

(2)以问候语加上单位、部门的名称,或者问候语加上部门名称。它适用于一般场合。例如:"您好!东方文化公司业务部。请讲。"或者:"您好!人事部。请讲。"后一种形式,主要适用于总机接转的电话。

(3)以问候语直接加上本人姓名。它仅适用于普通的人际交往。例如:"您好!史如意。请讲。"

(三) 分清主次

接听电话时不要与其他人交谈，也不能边听电话边看文件、电视，甚至是吃东西。一般不要对发话人表示对方的电话来的不是时候。

在会晤重要客人或举行会议期间有人打来电话，而且此刻不宜与其深谈，可向其说明原因，表示歉意，并承诺稍后联系，届时由自己主动打电话过去。若对方是长途电话，注意不要让对方再打过来。约好下次通话时间并要遵守。

接听电话时，千万不要不理睬另一个打进来的电话。可对正在通话的一方说明原因，要其稍候片刻，然后立即去接另一个电话。待接通之后，先请对方稍候，或过一会儿再打进来，随后再继续方才正在接听的电话。

无论多忙多累，都不能成为拔下电话线找清静的理由。

(四) 代接电话

在工作场合接听来电时，有时会遇到这样的情况：外来电话需要找的人不在，自己成为电话的代接者。代接、代转电话时，要注意以礼相待、尊重隐私、记忆准确、传达及时等问题。

1. 以礼相待

接电话时，不要因为对方所找的人不是自己就显得不耐烦，以"别人不在"来打发对方。即使被找的人真的不在，也应友好地答复："对不起，他不在，有什么需要我转达的吗？"

2. 尊重隐私

代接电话时，不要询问对方与其所找人之间的关系。如果对方要找的人离自己较远，不要大喊大叫。别人通话时，不要旁听，不要插嘴。当对方希望转达某事给某人时，千万不要把此事随意扩散。

3. 记忆准确

对方要找的人不在时，应向其说明后，询问对方是否需要代为转送。如对方有此请求时，应照办。对方要求转达的具体内容，最好认真做好笔录。对方讲完后，应重复验证一遍，以免误事。记录的电话内容包括通话者单位、姓名、通话时间、通话要点、是否要求回电话以及回电话的时间等。

4. 传达及时

代接电话时,先要弄清楚对方是谁,要找谁。如果对方不愿讲第一个问题,不必勉强。对方要找的人不在,可据实相告,然后再询问对方"有什么事情"。注意,这二者的先后次序不能颠倒。若对方所找的人不在,应立即去找。答应对方代为传话,就要尽快落实。不要把自己代人转达的内容,托别人转告。

思考与练习

1. 下列情况下你会怎么处理?

(1) 你去拜访别人,好客的主人给你端上一杯茶,正当你要喝时,却发现茶水里有一根头发。这时你会怎么做?

(2) 今天你的好朋友去你宿舍,很晚了,她还没有走的意思,一是你困了,二是她再不走会影响同室的其他同学,同时班级也会被扣分。这时你会怎么做?

2. 打接电话时应遵循什么礼仪规范?

3. 为自己的姓名设计一个自报家门的方法,能让人一下记住你的姓名。

4. 你是否已掌握了探视和送礼的礼仪规范?

5. 如何成功地组织一次宴会?

6. 参加宴会时应遵循什么礼仪规范?

7. 交谈的礼仪有哪些?

第四章 公共礼仪

 学习目的

通过学习使学生掌握公共场合的基本礼仪规范，自觉遵守公共场合的礼仪准则，养成良好的生活习惯，做一个有教养、有知识、懂礼貌、重小节的人。

第一节 行路礼仪

行路是指人们举步行走。根据现代礼仪的要求，行路不但有普通的礼仪规范，而且在不同的行路条件下还有不同的具体要求。

一、基本要求

行路，不管是一人行走，还是多人行走，不管是行走于偏僻之地，还是闹市街头，都有一些礼仪规范要遵守。

这方面的基本要求有以下几点。

1. 始终自律

自律就是自我要求、自我约束、自我检点、自我反省。行路时要对自己始终自律,就要做到以下几点:不吃零食;不乱扔废物;不随地吐痰;不吸烟;保持一定距离;不毁坏公物;不违反交通规则。

2. 相互体谅

在行路时,对于任何人都要相互关心、相互体谅、友好相待。主要表现在:热情问候;答复问路;帮助老幼;扶正斗邪;彼此谦让。

二、具体情况

行路时遇上的具体情况,大体上包括漫步、道路上行走、上下楼梯、进出电梯、出入房间、通过走廊或拥挤之处等。

下面将对此分别介绍。

1. 漫步

漫步是一种较为随意的休息方式,一般不受时间、地点、速度等方面的限制。可分为两种:① 个人漫步。这时的限制不是太多,注意交通规则,注意安全。② 多人漫步。这时,尤其是和尊长、异性一起行走时要注意礼仪规范。遵循以右为尊,以内侧为尊。三人及三人以上时居中为尊。多人单行行走时,以前为尊。

2. 道路上行进

在道路上行进时,首先要自觉走人行道,不要走行车道,并应自觉让出专用的盲道;其次,行走时应靠右侧行走;最后,行走时应保持一定的速度。尽量不要在道路上停留、休息或是长谈。

3. 上下楼梯

上下楼梯时应单行行走,不宜多人并排行走;应靠右侧行走。如果是为人带路,应走在左前方,不应走在正前方和后面。上下楼梯时不应进行交谈。上楼时,女士在后,男士在前;长者在前,幼者在后,以示尊重。下楼时,男士在后,女士在前;幼者在前,长者在后;还应保持一定的距离。

4. 进出电梯

上下电梯,要注意两大问题:① 要注意出入顺序。与不相识者同乘电梯,进入时要讲先来后到,出来时则应由外而里依次而出,不可争先恐后。与熟人同乘电梯,尤其是与尊长、女士、客人同乘电梯时,则应视电梯类别而定:进入有人管理的电梯,应主动后进后出。进入无人管理的电梯时,则应当先进去,后出来;先进去是为了控制电梯,后出来也是为了控制电梯。② 要注意安全。当电梯关门时,不要扒门,或是强行挤入。在电梯人数超载时,不要心存侥幸,非进去不可。当电梯在升降途中因故暂停时,要耐心等候,不要冒险攀缘而行。

5. 出入房间

出入房间应注意以下几点:① 要注意房门的开关。出入房门都应以手轻推、轻拉、轻关,不可以身体的其他部位代劳。也不能听任房门自由开关。② 要注意面向。进门时,若房间有人,要始终面向对方,切勿反身关门,背向对方。出门时也尽量不要以背示之。③ 要注意顺序。一般应请尊长、女士、客人先进出房门。若出入房门时恰逢他人与自己方向相反,则应礼让对方。一般讲究房内之人先出,房外之人后进。

6. 通过走廊

通过走廊时一般应单排行进,至多允许两人并排走在一起;一般应靠右侧行走,缓步而行,悄然无声;还应循序而行。

7. 拥挤之处

在相对拥挤之处行走时应注意以下几点:① 不要在此逗留过久。② 不要阻挡他人通过。③ 不要手舞足蹈。④ 不要高声谈笑。

8. 骑自行车的礼仪

骑自行车者应给行人让路,这是最起码的礼貌常识。不要在行人后边大声叫嚷,也不要在行人身边飞快地擦过,以免碰着行人或惊吓着孩子,可以按铃提示行人。停车或拐弯,应伸手示意,否则将会由于突然猛拐或猛停,使后面的车辆在毫无准备的情况下与你发生碰撞。为避免这类情况,骑车应保持一定的距离。万一发生碰撞,双方都应主动道歉,切不可出口伤人,激化矛盾。

骑车出入大门时,一定要减速或下车,不能旁若无人地一直骑车穿过。

骑自行车时,不能在车前或车后载人,或载大件物品,以免不易把握发生危险。

第二节 乘车、乘船、乘飞机的礼仪

一、乘车

（一）乘坐轿车

1. 座次

在比较正规的场合,乘坐轿车时一定要分清座次的尊卑。在非正式场合,可以不必过分拘礼。

乘坐双排座或三排座轿车时,座次的具体排列因驾驶员的身份不同而具体分为下述两种情况:

(1) 由所乘轿车的车主亲自驾驶轿车。在这种情况下,双排五座轿车上其他的四个座位的座次,由尊而卑依次应为:副驾驶座,后排右座,后排左座,后排中座。三排七座轿车上其他的六个座位的座次,由尊而卑依次应为:副驾驶座,后排右座,后排左座,后排中座,中排右座,中排左座。当主人亲自驾车时,若一个人乘车,则必须坐在副驾驶座上,若多人乘车,则必须推举一个人在副驾驶座上就座,否则就是对主人的失敬。

(2) 由专职司机驾驶轿车。在这种情况下,双排五座轿车上其他的四个座位的座次,由尊而卑依次应为:后排右座,后排左座,后排中座,副驾驶座。三排七座轿车上其他的六个座位的座次,由尊而卑依次应为:后排右座,后排左座,后排中座,中排右座,中排左座,副驾驶座。

根据常识,轿车的前排,特别是副驾驶座,是车上最不安全的座位。因此,按惯例,在社交场合,该座位不宜请妇女或儿童就座。而在公务活动中,副驾驶座,特别是双排五座轿车上的副驾驶座,则被称为"随员座",专供秘书、翻译、警卫、陪同等随从人员就座。

2. 举止

与其他人一同乘坐轿车时应当注意:不要争抢座位;不要动作不雅;不要不讲卫生;不要不顾安全。

3. 上下车的礼仪

上下车的基本礼仪原则是"方便领导，突出领导"。一般是让领导、客人、尊者先上，自己后上。下车时，自己先下，领导、客人、尊者后下。上车时，为领导和客人打开车门的同时，左手固定车门，右手护住车门的上沿（左侧下车相反），防止客人或领导碰到头部，确认领导和客人身体安全进车后轻轻关上车门。下车时，方法相同。如果很多人坐一辆车，那么谁最方便下车谁先下车。无论是先上后上，还是先下后下，都要遵循"方便领导、突出领导"的原则。

(1) 特殊情况的上车次序。如果我们外出办事，同去的人较多，对方热情相送，这时候我们应在主动向对方道谢之后，先上车等候。因为送别仪式的中心环节是在双方的主要领导之间进行的，如果所有人都非要等领导上车后再与主人道别上车，就会冲淡双方领导道别的气氛，而上车时也会显得混乱无序。所以，如果大家是同乘一辆面包车，我们要先上车，并主动坐到后排去。如果我们是分乘几辆轿车的话，则应上到各自的车内等候，只需留下一个与领导同车的人陪同领导道别即可。

(2) 特殊情况的下车次序。如果陪领导出席重要的欢迎仪式，到达时对方已经做好迎接准备。这个时候一定要等领导下车后我们再下车，否则就会有"抢镜头"之嫌。这种情况领导如何下车呢？如果是面包车，由领导边上的人开门，再避到后排，为领导下车让出通道。如果是轿车，欢迎的人群中自然会有人为领导开车门。

在涉外交往中，尤其是在许多正式场合，上下车的先后顺序不仅有一定的讲究，而且必须认真遵守。乘坐轿车时，按照惯例，应当恭请位尊者首先上车，最后下车。位卑者则应当最后登车，最先下车。乘坐公共汽车、火车或地铁时，通常由位卑者先上车，先下车。位尊者则应当后上车，后下车。这样规定的目的，同样是为了便于位卑者寻找座位，照顾位尊者。

（二）乘坐公交车

乘坐公交车时要遵守交通秩序，做到以下几点。

1. 排队候车等车停稳

要在指定地点候车，等车停稳后再上下车。尤其是在早晚上下班的高峰时间，人流量比较大，如果乱哄哄挤成一团，相互拥挤之间既耽误了大家的时间，又容易造成一些不愉快的事情，甚至发生意外伤害事件。所以在候车的时候应该按照到达的先后，在站台上排成候车队伍,按顺序上下车。乘车时前门上后门下,上车后主动投币或刷卡。

2. 上下车互谅互让互宽容

上车后应将随身所带的物品放到适当位置,不要把它放在座位上或挡在过道上。在排队候车、上车的时候难免会出现一些不经意的小碰撞、小摩擦,大家应该相互体谅,碰到别人的一方应真诚表示歉意,而另一方也不要过分计较。乘车时主动为老、弱、病、残、孕妇和抱小孩的乘客让座,当他人为自己让座时要立即道谢。

3. 车内讲卫生确保安全

自觉保持车站、车厢的清洁卫生,不在车站和车厢内吸烟、吐痰、乱丢废弃物,不向窗外扔垃圾。不在车内嬉戏打逗,乘车时不将头、手伸出窗外。爱护公共设施,不乱写乱画,不踩踏坐椅。不要随便乱坐扶手、发动机盖、窗沿等处。确保安全,不带易燃、易爆和危险品上车,不私自开启车门,不在车未停稳时上下车。注意保管随身物品,发现失窃应立即通知驾乘人员或报警,发生危急情况,应服从驾乘人员安排,及时疏散。

4. 乘客着装应齐整

尽管公交车上没有严格的着装要求,但公交车也是公共场合,在衣着方面依然应该比较注意,上下身衣着都应相对齐整。尤其是在夏天的时候,我们经常能够看到一些乘客只图凉快,穿着十分不讲究,甚至光着膀子就来坐公交车,这是非常不文明的行为。

5. 不碍他人

雨雪天,上车时应把雨伞折拢,雨衣脱下叠好。人多时,车上遇到熟人只要点头示意即可,不可挤过去交谈。到站前,提前向车门移动时,要向别人说"请原谅"或"对不起"。不携带未经包装的刀具、玻璃等以及家禽和其他暴露的腥、臭、污秽物品,不携带未受约束的可能危及他人的宠物。

(三)乘坐火车

乘坐火车出行时要遵守以下礼仪规范。

(1)提前到站,文明候车。要爱护公共设施,不要大声喧哗,不要抢座,不要躺在座位上。

(2)文明排队安检、检票、上车。

(3)按指定车次、位置就座。中途找座要有礼貌地询问。

(4)要主动让座。身边有老、弱、病、残、孕、弱势群体时要主动让座。

(5) 要讲究卫生。果皮纸屑不得随手乱扔,也不要将之投到窗外。不要在禁烟车厢吸烟。

(6) 要注意行为举止。在座席上休息,不要东倒西歪,卧倒于坐席上、茶几上或过道上。不要靠在他人身上,或把脚伸到对面的坐席上。男士不要穿背心甚至上身赤裸,也不得一坐下就脱鞋,这很不文明。

(7) 餐车用餐时如果人数较多,要排队等候。

(8) 下车时,应自觉排队等候,不要拥挤,不要从车窗下车。

二、乘轮船

轮船是人们用作水上交通的主要工具。在乘坐轮船时应遵守以下规范。

1. 提前等候检票

客船一般在启程前40分钟检票,特别是轮船在航行时还会受到风向、水流的影响,到港的时间有时会不准确。所以乘船时应提前候船。

2. 行李的准备

乘船时不得随身携带易燃、易爆、易腐蚀品、枪支弹药、腐烂性物品、家畜动物,以及其他违禁品。为了自己和他人的健康一定要遵守此类文明规定。

3. 上下船的礼节

上船时一定要按先后次序排队。如果与长者、女士、孩子一起上船时应请其走在前面,或以手相扶。不要加队、乱挤。下船时要提前做好准备。与其他乘客要相互礼让,依次而下。与长者、女士、孩子一起下船时,应请其走在后面。

4. 乘船时要注意安全

风浪大时要防止摔倒;到甲板上要小心;带孩子的要看管好自己的孩子;吸烟的乘客要注意避免引起火灾;不要在船头挥动丝巾或拿手电筒乱晃等。

5. 乘船时要注意小节

如不要在船上四处追逐;不要在客房大吵大闹;遇到景点拍照时不挤不抢等;在船上与其他乘客聊天时对于海难、劫船、台风、杀人等耸人听闻的话题,非议船上服务或其他乘客的话题,以及传播小道消息、政治谣言的话题,既不要主动涉及,也不要随声附和。

三、乘飞机

乘坐飞机期间,要注意约束个人行为,检点个人表现,要自律,尊重乘务人员,善待其他乘客。

1. 乘坐飞机的礼仪规范

(1) 登机时,有礼貌地向空乘人员点头致意或问好。

(2) 登机后,做到:① 按号入座,并有礼貌地向旁边的乘客打招呼。就座后,腿脚不要乱伸。不要侵占别人的位置。阅读用的书刊、洗手间的卫生纸、座位下的救生衣、氧气面罩,均不可以取走。② 不要使用过多的香水,或味道浓烈的化妆品,不可吸烟,不准使用移动电话、手提电脑等可能干扰无线信号的物品。③ 保持卫生间的清洁,不能乱扔、乱吐东西,不能当众更换衣服,更不能脱去鞋袜。④ 尊重空乘人员。

(3) 到达后,在飞机没有停稳之前不要急忙站起,这样不安全。要等信号灯熄灭后解开安全带。下飞机时不要拥挤,应当有秩序地依次走出机舱。

2. 乘飞机的礼仪禁忌

(1) 避免小孩在机上嬉戏喧闹。

(2) 在飞机上饮酒要适量。

(3) 飞机未停稳前,不可起立走动或拿取行李,以免摔落伤人,影响机上秩序。

(4) 不在非吸烟区吸烟。

(5) 不要高声谈笑。尤其是在飞机夜间飞行或身边有人休息时,以免影响其他乘客休息。

(6) 不要吓唬别人。不宜谈论有关劫机、撞机、坠机一类的不幸事件。也不要对飞机的性能等信口开河,以免增加他人的心理压力,制造恐慌。

(7) 不要反复打量、窥视其他乘客。尤其是对外国人和女士。这是很失礼的行为。

(8) 不要在座位上随意摇晃,也不要把椅背调得太靠后,以免妨碍他人。更不要把身前的小桌反复支起来,放下去。

(9) 不得携带有碍飞行安全的物品。在乘坐飞机时通常都规定:任何乘客严禁携带枪支弹药、管制刀具以及其他一切武器和凶器,不得携带一切易燃易爆、剧毒、放射性物质以及其他任何有碍航空安全的危险物品。

(10)飞机飞行期间,严禁使用移动电话、手提电脑、激光唱机、调频收音机等电子设备。

第三节　购物、旅游观光、入住宾馆的礼仪

一、购物

购物场所是公共场所,遵守一定的礼仪体现出自身的素质。要注意以下几个问题。

(1)尊重营业员。如果营业员正在为其他顾客服务,应耐心等待,不可急切地催促对方,否则很失礼。

(2)贵重商品慎拿慎试。选购物品的时候,不要乱拿乱放,如果拿了一些东西后又决定不要的话,应该放回原处,也不可随意拆开商品的包装。贵重物品应慎拿慎试。

(3)宽宏大量。如果营业员在服务时发生差错,应给予谅解,同时可以耐心指出,作出善意的提醒。不应当面呵斥,甚至与之争吵,而应当将情况反映给商场有关负责人,以求妥善解决。

二、旅游观光

随着我国人民物质和文化生活水平的不断提高,旅游观光爱好者的队伍也在日益扩大。旅游观光本身是一项文明而高尚的活动,参加这项活动的人理应多讲究一些礼仪。

1. 提前阅读观光地的有关资料

对旅游地有所了解的旅游者,不仅自己有更深刻的体验、感受,还会给同行的人有所帮助,从而受到欢迎与尊重。到旅游景点前先了解些当地的概貌、风土人情、政治经济、历史沿革等,可以使自己在游览中意趣横生,联想丰富,饱览古迹之精妙,还能帮助同伴享受大自然的美,理解古迹的文化价值和意义所在。也可以依据日程合理安排游览线路,更好地维护自己的权利。

2. 服从导游人员的管理

(1) 听取当地导游有关安全的提示和忠告。注意听从导游的安排,记住集中时间和地点,记清自己所乘坐的车型、车牌号及颜色,不要迟到。

(2) 经过危险地段(如陡峭、狭窄的山路、潮湿光滑的道路等)不可拥挤,前往险峻观光地点时应充分考虑自身的条件是否可行,不要强求和存侥幸的心理。

(3) 登山或参与活动中应注意适当地休息,避免过度激烈运动,同时做好防范工作。

(4) 在水上(包括江河、湖海、水库)游览或活动时注意乘船安全,不单独前往深水域或危险河道。

(5) 乘坐缆车和其他载人观光工具时,应服从景区工作人员和导游的安排,遇超载、超员或其他异常时,千万不要乘坐,以免发生危险。

(6) 游览期间,游客不要独行,如果迷失方向,原则上应原地等候导游的到来。自由活动期间游客不要走得太远。带小孩的游客,请管好自己的小孩,不能让小孩单独行动,注意安全。

3. 饮食应注意的问题

在旅游期间,旅客要十分注意饮食卫生,避免中毒、胃肠道疾病的发生。在旅游期间购买食物需注意商品质量,不要购买"三无"(无生产厂家、生产日期、厂家地址)商品,发生食物不卫生或有异味变质情况,切勿食用。

出门旅游,应随身携带上矿泉水、小食品等,备急需用。请勿喝生水,不要接受和食用陌生人送的香烟、食物和饮品,防止他人暗算。

旅游期间要合理饮食,不要暴饮暴食。为防止在旅途中水土不服,游客应自备一些常用药品,以备不适之需。切勿随意服用他人所提供的药品。喜欢喝酒的旅客在旅途中控制自己和酒量,饮酒时最好不超过本人酒量的三分之一,若出现酗酒闹事,扰乱社会秩序、侵犯他人或造成第三方财物损失的一切责任由肇事者承担。

4. 出行应注意的问题

游客旅行中乘车(机、船),主要应预防意外事故的发生,特别注意以下几种情况。

(1) 游客在车辆(车、船)停稳后方可下车(机、船)。按先后次序上下车(机、船),讲究文明礼貌,优先照顾老弱病残孕游客,切勿拥挤,以免发生意外。

(2) 游客在乘车旅途中,请不要与司机交谈和催促司机快车、违章超速和超车行驶,不要将头、手、脚伸出窗外,以防意外发生。

(3) 游客下车游览、就餐、购物时,请注意关好旅游车窗,拿齐自己随身携带的贵重物品,若出现遗失,旅行社概不负责。

(4) 游客乘坐飞机时,应注意遵守民航乘机安全管理规定,特别是不要在飞机上使用手机等无线电讯工具或电子游戏等。

(5) 不要向车窗外扔废杂物品(特别是硬质物品),以免伤害他人。

三、入住宾馆

不论是旅行或出差,有时我们会入住宾馆,但宾馆并不是自己的家,它只是暂时租用的一个地方,所以有一些必要的规定和礼貌一定要注意,这样才会体现应有的素养。

1. 认真阅读入住须知

只有认真阅读了入住须知,才可以全面了解宾馆为客人所提供的各项业务,并酌情享用。也要明白哪些是收费项目,房费是如何计算的,应该注意的事项都有哪些等。

2. 登记入住的礼仪

到达了目的地进入大堂后,首先应该到前台登记。如果带了大量的行李,门童会帮助搬运行李,你可以礼貌地谢过之后就去登记入住。如果前面有正在登记的顾客,那你应该静静地按顺序等候。等候时与其他客人保持一定的距离,不要贴得太近,不能乱站乱挤或采取任性无理的态度。

入住宾馆要出示身份证或其他证件,例如结婚证或护照等。在登记完并拿到钥匙之后,你就可以乘电梯去房间了。乘电梯时,能够主动为后来的客人扶住门,中途下电梯前,自己按下关门的按钮。尽量减少给别人带来麻烦。

大厅和走廊是宾馆生活中的主要公共场合,因此一定要记住,不要表现得像在自己家中一样。甚至穿着睡衣或浴衣转来转去。

此外,还应该注意一定不要大声说话和吵闹,也不要乱跑乱跳。遇到雨雪天气,要收好雨伞,把脚上的泥去干净再进入宾馆。

3. 尊重服务人员的劳动

懂得尊重别人的人,自己也会受到尊重。虽然打扫客房是服务员的工作,但是也不能因为有人代劳就不注重保持清洁卫生,废弃物要扔到垃圾筐里,东西尽量摆放得整齐有序。

在洗手间,不要把水弄得整个洗台到处都是。请不要随地吐痰,不要在墙上乱画,不要弄脏家具的表层,用完卫生间后要清理干净。从对待房间的态度,可以很容易地看出一个人的人品和文化修养的层次。

4. 注意安全、慎重交往

要有安全意识,进出房间要随手关门。有不少人进入房间后,门虽然锁了,但门的保险链却总是忘记挂好。千万不要把现金或贵重的物品放在房间里,要把它放在前台的保险箱里。房间里的保险箱要设定密码,否则是不保险的。有人敲门时,除非这人说明身份,否则不要开门。

5. 同室同行人员间的礼仪

在和别人同住时应注意一些细节,如电视的音量要适中,不可太早或太晚开电视,否则会影响别人的休息。客房毕竟还不是完全属于自己的地方,与朋友欢喜相聚也应该注意有节制,会客时间太长是不适宜的,一般不要超过 22 点。还有应该注意交谈的音量,不要影响到别人的休息。总之,要尊重室友。

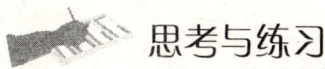

思考与练习

1. 行路时应遵循哪些礼仪规范?
2. 乘轿车时应如何安排座次?
3. 乘坐公共汽车时,应怎样使个人表现合乎礼仪?
4. 住宿时应如何对待服务人员?
5. 旅游时如何做才是一位文明的游客?
6. 如何文明礼貌上下楼梯、出入电梯?
7. 乘坐火车与飞机应遵循哪些礼仪规范?

第五章 求职礼仪

学习目的

通过本章学习使学生掌握职场基本礼仪,懂得求职过程中各个环节的礼仪常识,以及怎样包装自己、推销自己和表现自己。

第一节 写求职信的礼仪

怎样撰写一封符合礼仪要求并能引起用人单位重视的求职信,可能是你在找工作时遇到的第一个问题。一封规范的求职信一般应注意以下方面。

一、书写要规范

(1) 对招聘单位名称的准确称呼,这可以立刻拉近你与招聘单位的距离,使招聘单位感受到你的诚意。如果你用"尊敬的招聘单位"或"贵公司人力资源负责人"等说法,这使招聘单位感觉不到应有的"热度",因为这种说法缺乏针对性,对哪家公司都适用。

(2) 说出自己的姓名。当然一开始就要自报姓名,避免让看信的人总在想:你到底是谁?

(3) 说明自己获取招聘信息的渠道。比如说"我在××人才网站上看到贵公司刊登的招聘广告……"

(4) 说明自己要应聘的职位。这样好让招聘单位有的放矢地关注你适合的那个职位的特征。

(5) 陈述自己的大致情况。显然这是不可缺少的,但无需太啰嗦。

(6) 明确自己有能力、有兴趣、有信心胜任。若要别人肯定你,你就要首先肯定你自己,而且是丝毫不加掩饰地明确肯定自己。

(7) 恰当地赞美招聘单位。最好能根据一些具体情况来进行赞美,如了解的情况太少,就可以说:我认为贵公司十分重视人才。

(8) 诚恳表明希望获得面试的机会。写求职信的惟一目的就是为了获得面试的机会,主动说出要求获得面试的机会,是表明自己有诚意、很渴望的具体体现。

(9) 信的结尾要表明"希望能为贵公司效力"。体现出自己为该公司服务的强烈愿望。

(10) 注明落款、日期、联系电话等。

二、自我介绍要真实、谦恭

要写出一封较高水平的求职信,在礼仪上要注意以下五个方面:

(1) 称呼要准确,要有礼貌。一般来说,收信人应该是单位里有实权录用你的人。要特别注意此人的姓名和职务,书写要准确,万万马虎不得。因为他们第一眼从信件中接触到的就是称呼。最初的印象如何,对于这份求职信件的最终效果有着直接影响,因而要慎重为之。因为求职信往往是首次交往,未必对用人单位有关人员的姓名熟悉,所以在求职信件中可以直接称职务头衔等。在弄不清楚你要联系的人的确切姓氏的情况下,宁可不写姓氏也决不能写错。如"上海煤气总公司负责人"、"国发公司经理"、"亚龙配件厂厂长"。求职信的目的在于求职,带有"私"事公办的意味,因而称呼要求严肃谨慎,不可过分亲昵,以免给人以"套近乎"或者阿谀、唐突之嫌。当然礼貌性的致辞还是可以适当使用的。

(2) 问候要真诚。抬头之后的应酬语(承启语)起开场白的作用,无论是经常通信的还是素昧平生的,信的开头应有问候语,向对方问候一声,是必不可少的礼仪。问候语可长可短,即使短到"您好"两字,也体现出写信人的一片真诚,而不是"应景文章"。问候要切合双方关系，交浅不宜言深，以简捷、自然为宜。

（3）内容须清楚。正文从信笺的第二行开始写，前面空两格。书信的内容尽管各不相同，写法也多种多样，但都要以内容清楚、叙事准确、文辞通畅、字迹工整为原则，此外还要谦恭有礼，即根据收信人的特点及写信人与收信人的特定关系进行措辞（包括敬语谦词的选择，语调的掌握等）。

（4）祝颂要热诚。正文后的问候祝颂语虽然只几个字，但表示写信人对收信人的祝愿、钦敬，也有不可忽视的礼仪作用。祝颂语有格式上的规范要求，一般分两行书写，上一行前空两格，下一行顶格。祝颂语可以套用约定俗成的句式，如"此致"、"敬礼"、"祝您健康"之类，也可以另辟蹊径，以更能表示出对收信人的良好祝愿。

笺文的最后，要署上写信人的名字和写信日期，为表示礼貌，在名字之前可写"求职者"或"您未来的部下"字样。

（5）信封称呼用尊称。信皮（封文）要准确地写明收信人地址及邮政编码、收信人姓名、发信人地址及姓名以外，还要恰当地选用对收信人的礼貌用语。首先，要注意收信人的称呼，封皮是写给邮递员看的，因此应根据收信人的职衔、年龄等，写上"经理（或总经理）"、"厂长"、"人力资源部部长"、"人事经理"或"先生"、"同志"、"女士"等。其次，要讲究"启封辞"、"缄封辞"选择。"启封辞"是请收信人拆封的礼貌语词，它表示发信人对收信人的感情和态度。一般对高龄者长用"安启"、"福启"，对其余长辈用"钧启"、"赐启"；对平辈可依照收信人的身份、性别，分别用"力启"（对军人）、"文启"（对教师）、"芳启"（对女士）。"缄"字的用法也有讲究。给长辈的信宜用"谨缄"，对平辈用"缄"。明信片、贺年卡等因无封套，因而无所谓"启"和"缄"。

三、写求职信应注意的几个问题

（1）注意"四忌"。所谓"四忌"，即一忌高枕无忧，以为自己有技术、有经验、有文凭，就拥有了求职成功的全部资本，过分地坚信自己"天生我才必有用"，而在求职信中流露出盲目自信，甚至提出过分要求；二忌洋洋万言，述说自己对几乎所有职业都有兴趣，一副"包打天下"的架势；三忌主题不明，事无巨细，写成一份流水式学习工作总结；四忌缺乏自信，求职信的措辞要谦恭，但必须充满自信。切忌"我什么都不行，是来学习的，希望多加关照"之类的话。在外企中谋职更要注意。

（2）注意"三要"。所谓"三要"，即一要精心构思，着力于表达或暗示自己的聪明才智、适应能力、工作态度和发展潜力；二要情有独钟，展现出自己对应聘单位及拟从事岗位有着浓厚兴趣，写作中可适当地用一些表示情态的言辞；三要新颖独特，在形式和内容上都要有一些冲击力或震撼力，突出重点兼及一般。

（3）注意"三突出"。所谓"三突出"，即突出自己的"名、优、特"，并且与所求岗位直接相关。一是突出名气，你在同行中或是周围人群里名气如何，曾取得过什么成绩，受过什么奖励，别人的评价如何等；二是突出优点、长处，特别是那些你所具有而别人没有的优点和长处，比如用人单位正好需要的技术特长、知识水平和其他本领；三是突出特殊技术和能力，能解决别人所不能解决的问题。

下面是一毕业生的求职信，供参考。

尊敬的××经理：

  我从《×××晨报》上的招聘广告中获悉贵酒店欲招聘一名经理秘书，特冒昧写信应聘。

  一个月后，我将从南京×××商业学校酒店物业管理专业毕业。我身高1.67厘米，相貌端庄，气质颇佳。在校期间，我系统地学习了管理概论、物业管理学、礼仪学、社会心理学、酒店管理概论、酒店财务会计、酒店客房管理、酒店餐饮管理、酒店前厅管理、酒店营销、酒店物业管理、住宅小区物业管理、应用文写作、专业英语等课程。成绩优秀，熟悉电脑操作，英语口语流利，略懂粤语，普通话运用自如。

  本人在校期间，一直担任学生会干部，参与组织多项校园活动，组织能力比较强。多次被评为三好学生和优秀团干部。

  去年下半学期，我曾在×××四星级酒店客房部实习3个月，积累了一些实际工作经验。我热爱酒店管理工作，希望能成为贵酒店的一员，和大家一起为促进酒店发展作出贡献。

  我的个人简历及相关材料一并附上，如能给我面谈的机会，我将不胜荣幸。

联系地址：南京×××商业学校酒店物业管理系

联系电话：13901019134

  此致

敬礼！

求职人：张宏
2008年3月20日

四、求职简历的撰写

一般来讲,个人简历的内容应该包括:本人基本情况、个人履历、能力和专长、求职意向、联系方式等基本要素。下面向大家推荐"简历七步走"方法。

(1) 确定求职方向。这是最艰难的一步,也是至关重要的一步。不要寄希望于雇主会从你流水账般的罗列中为你配最适合的工作,你必须明确地告诉雇主:你想找什么工作和最适合干什么工作。

(2) 确定从事此项工作所必需的知识与技能。这也是关键的一步。如果不能明确这一点,你的求职简历就会因缺乏重点而平淡无味,失去吸引力。

(3) 列出所有与己相关的特长与技能(一般为3~4项)。简历和工作申请表的差别就在于:工作申请表的重点是"工作",而求职简历的重点是"你"。诚实、精练、有选择地列出自己的技能。

(4) 想一想有哪些成绩能体现自己的能力。闭上眼睛,好好想想,每个人都会有几桩得意之举,只要对求职有帮助,小事也能体现成绩。

(5) 描述这些成绩。用简练、明确的语言描述这些成绩(不要流于对事件或工作本身的描述),重点是描述你自己干了些什么,起到了什么作用,取得了哪些成果等。

(6) 逆着时间顺序,列出所有相关工作经历包括有偿的和无偿的,全职的和兼职的,不要漏了在职时间、职务以及公司名称、地址。

(7) 列出所有相关的学历和培训情况(包括时间及所获学位或证书)。除非雇主有特殊要求,一般无需列出中学学历。如果你现在正在就读或培训中,可适当列出部分相关课程。

下面是一毕业生的个人简历,供参考。

个 人 简 历

1. 基本情况

姓名:×××

性别:女

民族:汉族

政治面貌：共青团员

出生年月：1990年9月26日

身高：161厘米

学校院系：海洋经济贸易学校

专业：市场营销

学历：中专

籍贯：天津市

电话：13820000000

电子信箱：lzlu@yahoo.com.cn

2. 主要课程

专业课程：市场营销基础,商业企业概论,现代商务,商品知识,现代推销,电子商务基础,贸易谈判,营销心理基础,商贸法律,市场调查与预测。

3. 选修课程

现代礼仪,会计学,计算机基础,办公自动化,英语口语,电子商务等。

4. 计算机水平

熟练掌握办公自动化及计算机操作。

5. 个人爱好

读书,音乐,养动物,旅游,挑战自己的极限。

6. 主要社会实践活动

2005～2006年　担任志愿者组组长,并被评为优秀志愿者。

2006～2007年　是学校学生会生活部、外联部、治保部干事。

2006年12月　学校迎新暨元旦晚会演员。

2005～2006年　假期在麦当劳、狗不理等快餐店做服务生。

2006～2007年　做过化妆品、饮料、书籍的促销员。

2005～2007年　从事多份家教。

7. 自我评价

- 开朗乐观,稳重大方,积极向上。
- 有团队意识,合作精神,亲和力强。
- 诚实守信,以责人之心责己,以恕己之心恕人。

8. 求职意向

与所学专业有关的工作。

期待与您握手!

第二节 面试礼仪

一、面试前的准备

1. 面试前一天的准备

(1) 为避免到时迷路而耽误时间,先到面试地点去一趟。

(2) 准备好现金、车票等一切能使你从容按时到达面试地点的东西。

(3) 复习你对应征单位了解到的情况和你的个人简历;反复阅读自己的个人简历,使之烂熟于心,面试时就能向主考官侃侃而谈自己的资格和能力,就能非常自信地推销自己。此外,面试前可以进行面谈预演,向朋友或家人谈自己的任职资格,自己能干好什么工作,并且最好根据自己简历上的每个要点谈出一些简历上表达得不充分的有支持性的证据和细节。

(4) 大声说出从曾做过的工作中所学得的相关技能,以及自认为是应聘职位的最佳人选的理由。将要点记录在一张索引卡片上。

(5) 如果准备带上能证明自己业绩的资料,那么,标出最引人注目的几项。如个人简历表、身份证、获奖证书、荣誉证书、学位、学历证的原件或复印件,发表的论文、著作,专业技术资格证书,专家教授推荐信,单位证明或推荐信等。

(6) 将套装、化妆盒、个人简历、纸张和一支笔放好。

(7) 不喝酒,睡好觉。

2. 面试当天的准备

(1) 要注意休息、营养和锻炼,保持充沛的精力。

(2) 温习索引卡片上所列要点。

(3) 翻翻报纸——面试时的闲聊经常围绕当天的新闻。

(4) 确保提前到达面试地点,在休息室等候。

(5) 在等候中注意观察该单位的办公室气氛。如果大家都穿牛仔服装并用随意的口气打招呼,你就知道自己在面试时不必太刻板。

二、面试中的礼仪

(1) 仪态从容自然。恭敬不如从命,顺其自然。进入面试房间之后,一举一动都要按照招聘人员的安排,既不要过分拘谨,也不能太过谦让,大方得体才最重要。

(2) 坐姿端庄。面试时的坐姿,有两种极端不可取。一是全身瘫倒在椅背上,二是战战兢兢地只坐椅边。坐姿可以反映一个人的心理状态:仰坐表明轻视、无关紧要;少坐意味着紧张,如坐针毡;端坐,意味着重视、聚精会神。面试时,轻易不要紧贴着椅背坐,也不要坐满,坐下后身体要略向前倾。一般以坐椅子的三分之二为宜。

(3) 注意观察,眼神集中。注意眼神的交流。交流中你的目光要不时注视着对方,万万不可目光呆滞地死盯着别人看。如果不止一个人在场,说话的时候要经常用目光扫视一下其他人,以示尊重和平等。

(4) 注意谈话礼仪,主动聆听。应聘者在听对方说话时,要不时点头表示同意,表示自己听明白了,或正在注意听,同时还要面带微笑。不要抢着说话,或打断对方的讲话,这些都是不懂礼貌的表现。

三、面试应注意的问题

1. 严格遵守时间约定

守时是职业道德的一个基本要求,提前 10～15 分钟到达面试地点效果最佳,可熟悉一下环境,稳定一下心神。提前半小时以上到达会被视为没有时间观念,但在面试时迟到或是匆匆忙忙赶到却是致命的。如果你面试迟到,那么不管你有什么理由,也会被视为缺乏自我管理和约束能力,即缺乏职业能力,给面试者留下非常不好的印象。不管什么理由,迟到都会影响自身的形象,是一个对人不尊重的问题。而且大公司的面试往往一次要安排很多人,迟到了几分钟,就很可能永远与这家公司失之交臂了,因为这是面试的第一道题,你的分值就被扣掉,后面的你也会因状态不佳而搞砸。

2. 保证良好的"第一形象"

到了办公区,最好径直走到面试地点,而不要四处张望,甚至被保安盯上;走进公司之前,口香糖和香烟都收起来,因为大多数的面试官都无法忍受你边面试边嚼口香糖或吸烟;手机坚决不要开,避免面试时造成尴尬局面,同时也分散你的精力,影响你的成绩;一到面试地点,若有前台,则开门见山说明来意,经指点到指定区域落座;若无前台,则找工作人员求助。这时要注意用语文明,开始的"你好"和被指导后的"谢谢"是必说的,这代表你的教养;一些小企业没有等候室,就在面试办公室的门外等候;当办公室门打开时应有礼貌地说声:"打扰了。"然后向室内考官表明自己是来面试的,绝不可贸然闯入;假如有工作人员告诉你面试地点及时间,应当表示感谢;不要询问单位情况或向其索要材料,且无权对单位作以品评;不要驻足观看其他工作人员的工作,或在落座后对工作人员所讨论的事情或接听的电话发表意见或评论,以免给人轻浮嘴快的印象。

3. 等待面试时要从容镇定

在接受面试的时候,受聘者总是要先入场,这时,如果主试人还未到,要耐心等待。而不要来回走动显示浮躁不安,也不要与别的面试者聊天,因为这可能是你未来的同事,甚至决定你能否称职的人,你的谈话对周围的影响是你难以把握的,这也许会导致你应聘的失败。

更要坚决制止的是:在接待室恰巧遇到朋友或熟人,就旁若无人地大声说话或笑闹;在接待室旁若无人地吃口香糖,抽香烟、接手机。

4. 把握好与面试官的正面接触

(1)把握进屋时机。如果没有人通知,即使前面一个人已经面试结束,也应该在门外耐心等待,不要擅自走进面试房间。自己的名字被喊到,就有力地答一声"到",然后再敲门进入,敲两三下是较为标准的。敲门时千万不可敲得太用劲,以里面听得见的力度为佳。听到里面说:"请进"后,要回答"打扰了"再进入房间。开门关门尽量要轻,进门后不要用手在身后随手将门关上,应转过身去正对着门,用手轻轻将门合上。回过身来将上半身前倾30度左右,向面试官鞠躬行礼,面带微笑称呼一声"老师好",彬彬有礼而大方得体,不要过分殷勤、拘谨或过分谦让。

(2)专业化的握手。面试时,握手是最重要的一种身体语言。专业化的握手能创造出平等的彼此信任的和谐氛围。你的自信也会使人感到你能够胜任而且愿意做任何工作。这是创造好的第一印象的最佳途径。怎样握手?握多长时间?这些都非常关键。因为这是你与面试官的初次见面,这种手与手的礼貌接触是建立第一印象的重要开始,不少企业把握手作为考察一个应聘者是否专业、自信的依据。所以,在面试官的手朝你伸过来之后就握住它,要保证你的整个手臂呈 L 型,有力地摇两下,然后把手自然地放下。握手应该坚实有力,有"感染力"。双眼要直视对方,自信地说出你的名字,即使你是位女性,也要表示出坚定的态度,但不要太使劲,更不要使劲摇晃;不要用两只手,用这种方式握手在西方公司看来不够专业。而且手应当是干燥、温暖的。如果他(她)伸出手,却握到一只软弱无力、湿乎乎的手,这肯定不是好的开端。

握手时长时间地拖住面试官的手,或者毫不用力、只是快速捏一下对方的手掌,这些动作说明你过于紧张,而面试时太紧张表示你无法胜任这项工作;轻触式握手显示你很害怕而且缺乏信心,你在面试官面前应表现出你是个能干的、善于与人相处的职业者;远距离在对方还没伸手之前,就伸长手臂去拉面试官的手,表示你缺乏交往经验,同时也是失礼的。

(3)注意非语言交流。加州大学洛杉矶分校的一项研究表明,个人给他人留下的印象,7%取决于言辞,38%取决于音质,55%取决于非语言交流。非语言交流的重要性可想而知。在面试中,恰当使用非语言交流的技巧,将为你带来事半功倍的效果。

5. 让面试官重视你

个人自我介绍是面试实战非常关键的一步,因为众所周知的"首因效应"的影响,这2~3分钟见面时的自我介绍,将是你所有工作成绩与为人处世的总结,也是你接下来面试的基调,考官将基于你的材料与介绍进行提问,这将在很大程度上决定你在各位考官心里的形象,形象良好,才能让面试官重视你。

(1)气质高雅与风度潇洒。面试时,招聘单位对你的第一印象最重要。你要仪态大方得体,举止温文尔雅,要想树立起自己的良好形象,这就肯定要借助各种公关手段和方法。各种公关手段主要有言词语言公关、态势语言公关和素养公关。这些公关手段又包括数种方法,如:幽默法、委婉法等。还应掌握一些公关的基本技巧。只有在了解有关公关的常规知识之后,才能顺利地、成功地树立起自己良好的形象。如果你能使一个人对你有好感,那么也就可能使你周围的每一个人甚至是更多的人,都对你有好感。往往是风度翩翩者稳操胜券,仪态平平者则屈居人后。高雅的气质来自个人长期的自我修养。著名礼仪专家、中国人民大学金正昆教授说:一个人的教养体现于他的生活细节,而一个人的生活细节,又从侧面展现了他的高雅气质。所以,一个人的气质、素质根源于长期的自我修养,要从生活的一点一滴做起,特别是在公众场所一定要注意自己的形象和气质。

如果说气质源于陶冶,那么风度则可以借助于技术因素,或者说有时是可以操作的。风度总是伴随着礼仪。一个有风度的人,必定谙知礼仪的重要,既彬彬有礼,又落落大方,顺乎自然,合乎人情,外表、内涵和肢体语言的真挚融合为一,这便是现代人的潇洒风度。每个人都有自己的形象风格,展现自我风采的另外一个重要因素便是自信,体现出一种独特的自然魅力,自我风采便无人能挡。

(2) 语言就是力量。语言艺术是一门综合艺术,包含着丰富的内涵。一个语言艺术造诣较深的人需要多方面的素质,如具有较高理论水平、广博的知识、扎实的语言功底。如果说外部形象是面试的第一张名片,那么语言就是第二张名片,它客观反映了一个人的文化素质和内涵修养。谦虚、诚恳、自然、亲和、自信的谈话态度会让你在任何场合都受到欢迎。动人的公关语言、艺术性的口才将帮助你获得成功。面试时要在现有的语言水平上,尽可能地发挥口才的作用。对所提出的问题对答如流,恰到好处,妙语连珠,耐人寻味,又不夸夸其谈,夸大其词。

自我介绍是很好的表现机会,应把握以下几个要点:

(1) 要突出个人的优点和特长,并要有相当的可信度。特别是具有实际管理经验的要突出自己在管理方面的优势,最好是通过自己做过什么项目这样的方式来叙述一下,语言要概括、简洁、有力,不要拖泥带水,轻重不分。重复的语言虽然有其强调的作用,但也可能使考官产生厌烦情绪,因此重申的内容,应该是浓缩的精华,要突出你与众不同的个性和特长,给考官留下几许难忘的记忆。

(2) 要展示个性,使个人形象鲜明,可以适当引用别人的言论,如老师、朋友等的评论来支持自己的描述。

(3) 坚持以事实说话,少用虚词、感叹词之类。

(4) 要符合常规,介绍的内容和层次应合理、有序地展开。要注意语言逻辑,介绍时应层次分明、重点突出,使自己的优势很自然地逐步显露。

(5) 尽量不要用简称、方言、土语和口头语,以免对方难以听懂。当不能回答某一问题时,应如实告诉对方,含糊其辞和胡吹乱侃会导致失败。

四、面试结束后的礼仪

(1) 感谢。为了加深招聘人员对你的印象,增加求职成功的可能性,面试后两天内,最好给招聘人员打个电话或写封信表示谢意。感谢电话要简短，最好不要超过3分钟。感谢信要简洁，最好不超过一页。面试后表示感谢是十分重要的，因为这不仅是礼貌之举，也会使主考官在作决定之时对你有印象。

（2）不要过早打听面试结果。在一般情况下，招聘面试结束后到最后确定录用人选，可能要等3~5天。求职者在这段时间内一定要耐心等候消息，不要过早打听面试结果。

（3）查询结果。一般来说，你如果在面试两周后或在主考官许诺的通知时间到了，还没有收到对方的答复时，就应该写信或打电话给招聘单位或主考官，询问是否已作出决定。无论询问的结果如何，都要注意对招聘单位或主考官表示感谢，感谢他们所给的机会。尤其在未被录用时，不可埋怨、指责，要保持足够的风度。

第三节 试用期的礼仪

一、参加培训期间的礼仪

对于一般的求职者来说，通过一路的过关斩将，终于接到了录用通知，这确实是一件值得庆贺的事情。对于大型的规范化的公司来说，新聘人员是必须要进行岗前培训的，只有经过培训合格的人员，才可以成为公司的正式员工。新聘人员在培训期必须注意树立良好的自我形象，养成良好的行为习惯。

培训期间应注意的礼仪规范主要是：严格遵守培训规则，认真阅读公司章程，学习相关岗位职责，认真听课，严格训练，处理好领导和同事关系，爱护公司财物，维护公司声誉等。

二、参观厂区时的礼仪

一些企业对于新进人员，为了让其尽快了解企业，熟悉工作环境，还会带领新进人员参观厂区、生产车间和相关产品，也有一些企业会组织所有应聘人员参观。在参观的过程中要注意以下的公德和礼仪要求。

（1）保持安静。一定要时刻想着"安静"两个字。在参观过程中，指手画脚，高声喧哗是很没教养的表现。

（2）认真听讲解。当讲解员讲解时，应耐心倾听，不要轻率插话。如果对某一问题感兴趣或想进一步了解情况时，可在讲解间歇时，向讲解员有礼貌地提出来。万一讲解员的答复不能使自己满意，也应向讲解员表示感谢，不可流露出不满意的神情，或一声不吭地走开。

（3）注意"请勿动手"。凡看到"请勿动手"字样，便自觉不触摸；凡标明"谢绝入内"的场所，也不要擅自闯入。因为在生产车间动手乱摸不仅是不文明的，也是不安全的。随便闯入禁区是会让你很尴尬的。

（4）一边参观，一边吃东西是不文明的举止。如果要喝水、吃东西可以到休息室去。

（5）注意公共秩序，不拥挤，不哄闹，不搞恶作剧。

三、试用期间的礼仪

目前，各用人单位对新录用人员往往采取试用制。试用期短则一两个月，长则半年，一般有专人负责管理和考核。试用期的表现如何，将直接关系到最终能否被录用，这对择业者来说尤为重要。那么在试用期内，该如何表现自己呢？

（1）谦虚谨慎，小中见大。刚出校门的学生，志向都比较远大，恨不得一下子就做成一件大事，博得领导的赏识。然而，往往由于缺乏经验，或者理论与实际脱节，所做的工作也许领导并不满意。在实际工作中，领导会对你的工作进行指导，有时也会提出善意的批评，这就要求你能够正确认识，虚心接受别人的意见。不要以为自己的文凭比别人高就自以为是，也不要以为自己的文凭比别人低就自卑，无论什么时候都要不卑不亢，积极主动地去干一些力所能及的事，虚心请教，从小事做起。要与同事打成一片，要开朗活泼，不要沉默孤僻。只有这样，才能博得上至领导、下至同事的好评。

（2）尊重领导，不要锋芒毕露。著名跨国公司职业经理人，现代管理学培训专家余世维说：领导没有错；如果领导有了错，那肯定是我看错；如果我没看错，那肯定是我的想法错。作为刚跨入企业大门的试用人员来说，不要去打听关于领导的花边新闻，更不要为了显示自己消息灵通而去传播这些"路透社"消息。特别不要在背后胡乱议论领导的是非，同事们的是非。要牢记一句古训:"静坐常思自过,闲谈莫议人非。"

(3) 幽默谐趣,富有魅力。工作环境是由全体工作人员共同营造出来的,在你到来之前,往往就有一个既定的氛围,或者活跃,或者沉闷,或者两者兼有之。大体来说,在气氛融洽而又活跃的环境中工作,人的心情较为愉悦,办事效率也会高些。对于一个单位来说,进来一个新人,会带来一种新气息,增添一份新乐趣。在工作和生活中,大家互相鼓励,共同进步;在麻烦和矛盾面前,不斤斤计较,巧妙地化干戈为玉帛。你在这方面有一定的优势,学过不少书本知识,要善于发挥这种优势,用有条不紊的推理,幽默诙谐的语言,恰如其分的措词,一词双关的妙语,来激活工作的氛围,给领导和同事留下深刻美好的印象。

好钢用在刀刃上,关键时刻显身手。在试用期中,有关领导往往会给新聘人员布置一些任务,有些甚至是难度较大的任务,借此来考查你的能力。圆满完成领导交给自己的任务正是展现自身能力的机会。所以要善于把握这些时机,利用所学的专业知识,发挥自己的主观能动性,脚踏实地,勤于动脑,力争把这些任务圆满完成。同时,在批评、指责、困难、利益面前,在谈判、检查、值班等重要场合,一定要经得起考验,比平时干得更加出色,这样,才能让人对你刮目相看。

(4) 发挥特长,真诚合作。当代的学生,应该是一专多能的复合型人才,不光要学好专业知识,在其他方面也要广泛涉猎,要有自己的特长。"一招鲜,吃遍天。"特长是自己与同事相比所独有的优势,在试用期内要做到有什么特长就发挥什么,有多少特长就发挥多少。如果你擅长书法,可以为同事们代写春联,题写书名,把办内部报刊、黑板报等技术活儿包揽下来;如果你擅长文艺,可以在单位节日晚会、演讲比赛等场合一展英姿;如果你会修理家电,可以为同事排忧解难。这些,都会给人留下良好印象。

(5) 爱岗敬业,适应社会。用人单位考察新聘人员最为看重的方面就是能否爱岗敬业。爱岗敬业,是迈出校门走向社会、适应社会的第一步,也是评价综合素质的一个极为重要的方面。有少数人,喜欢"这山望着那山高",对应聘的单位这也不满意那也不满意,不能一心扑在工作上。岗位固然有好有坏,但事在人为,关键是如何正确对待。一般来讲,越是艰苦的环境越能够磨炼一个人的意志,越能够体现一个人的价值。孔繁森在偏远贫瘠的西藏工作,李素丽干的是普普通通的售票员工作,这些看似不值一提的平凡岗位,别人照样干得有滋有味有声有色。刚毕业的学生,又何尝不能呢? 对于一个毕业生来说,纵然对现实的工作不甚满意,也不能一心二用。立足本职,干好属于自己的工作才是最重要的。你一定要明白:作为刚刚走上社会的一名青年,要学会主动调整自己,因为归根到底是自己去适应社会。

大量毕业生就业的实践证明,凡是在一个岗位上连续工作三年以上的同学,他们无论是在职位上或者是在工资待遇上都会有很大的提升可能。相反,那些"这山望那山高"经常跳槽的人,职位、工资却总是最低。所以,最佳的选择应该是:干一行,爱一行,爱岗敬业,认真钻研,持之以恒地干下去。

思考与练习

1. 到互联网上搜集一下,找一找和你的专业对口的人才供求信息。
2. 对自己的全面情况进行尝试性的分析定位。
3. 比照书中的格式写一篇求职信。
4. 面试前要做哪些准备?
5. 面试中个人在仪态上应注意哪些方面?
6. 面试结束后应注意的礼仪有哪些?
7. 培训期间要注意的礼仪规范有哪些?
8. 在厂区参观时要注意的礼仪规范是什么?
9. 试用期的五点基本要求是什么?